Savemyself 09! 　　　　　　　　　　　　윤영빈

2016/04/11/월요일

시간은 참 잘도 흘러간다. 휴학을 하면 뭐할지 고민했던 게 작년 7월이 됐다.
뭘 했나 뭘 하고 싶어했나 지금 뭘하고 있는 건가. 달라질 계기를 (만을) 찾고 있었다.
머리를 댕강 짧게 치고 붉은 색으로 염색하고 화장을 하는 등 외적변화를 통해 내적
달라질 거라 생각했는데 여전히 제자리다.
외국애들과 종종 얘기를 하다보면 내 영어 중국어실력이 똥이라는 걸 금방 깨닫는다.
단순히 연락하는 사람이 생겼음에 기뻐하던 초기의 감정은 금새 날아가고 겨우
라는 생각만 머리속에 한가득이다.
행동으로 움직이기까지의 과정이 힘들다.
허나 내가 죽이는 시간들이 되려 나에게 칼을 꽂는다.
죽고 죽이는 관계. 무효하고 무섭다.
이 어둠 속에 홀로 남겨질 수 있는 여유에 감사하지만, 내가 가질 게 이
어둠밖에 없을까봐.

16/04/17

해야 할 일

☆ 엄마가 "처먹고는" 이라고함

① 53kg → 47kg (-6kg)
- 건강하게 먹기
  - 아침: 요거트, 토마토, 두부 반모
  - 점심: 바나나 하나, 과일 (random) / 샐러드 + 아스파라거스주스 + 빵
  - 저녁: 노노

수정
단기간 다이어트
- 아침: 유산균, 사과
- 점심: 일반식
- 저녁: 노

천천히 꼭꼭 씹어서.
15번 씹고 삼키기
하루 1시간 걷기.
다리운동.

② 수영

③ 영어
- 쓰기
- 말하기
- 듣기

⑬ SPANISH

⑧ 침착해지기
말더듬는것 고치기
- 하루 5분씩 소리내어 책 읽기
- 머릿속으로 할말을 생각, 정리하고 말하기
- 숨 쉴 타이밍을 생각하기
- 동영상 보면서 말투 따라하기

④ TOEFL / TOEIC / HSK.
    2   1   3

· 계획 → 실행 ⑫ 영어를 잘하고싶음.
              · 어떻게 해야할까?

⑤ 국내여행

⑥ 안정적인 생활패턴
   10시 취침 5시 기상 & 일기

⑦ 취미
- 필사
- 음악
- 책
- 정리

⑦ 문화생활
   미술관 / 박람회
   책   그림그리기
   영화

⑩ 메이크업.

⑪ 허리 → 내과의원

이제 영원히 나의 세상에 있을 영자 씨에게

적막이 차갑게 내려앉은 방, 바닥에 길게 누워 핸드폰을 만지작거리다 문득 나를 찾는 벨소리를 들을 일이 없으리란 예감이 들었다. 연락처를 끝까지 내려도 쉬이 걸어 볼 전화번호도 없었다. 그때 일기장을 꺼내 소슬을 부르며 울었다.

엄마는 쌍둥이를 낳았다. 나와 외로움. 사람들과 좀처럼 섞일 수 없다는 강박 탓에 놀이터로 한 숟갈 가득 쏟긴 아이들에게 다가가기 전부터 회로가 꼬이고, 숨결이 거칠어지기 일쑤였다. 등 돌리고 멀어지면 쓸쓸했고, 마주하면 텅 빈 곁이 들통날까 벌벌 떨었다. 그런 나에게 가족은 세상이었고, 전부였다. 그중에서도 나보다 고작 22살 많은 엄마는 세상의 반쪽이자 절친이었다. 친구가 고백했어, 나 왕따래 따위 소식을 나란히 누워 순정만화책을 읽던 엄마에게 털어놓으며 짐을 덜었다. 친한 친구가 으레 그렇듯 엄마는 슬픈 소식을 들을 때면 나를 다독이고, 기쁜 소식을 들을 때면 자기 일처럼 웃고, 고백 같은 낯간지러운 일을 들으면 어른처럼 다음에는 어떻게 반응하는 게 좋을지 조언했다.

우리는 누구 하나 밀어내지 않았는데, 상대를 위한다는 마음에 입을 다물면서 서걱서걱한 사이가 됐다. 외로움은 가실 줄을 모르고 점차 내 날개뼈를 감싸는 온기가 있길, 손 내밀면 잡아줄 손이 있길 바라는 마음이 커졌다. 기숙사로 돌아오는 길에 눈물을 흩뿌리던 날은 책상에 앉아 울면서 일기를 썼다. 일기장의 종이가 손목 안쪽 약한 살에 닿는 촉감이 싫어 차라리 그어버리겠단 충동을 억누르고 한 자, 한 자 꾹꾹 써내려갔다.

이 글은 나를 달래려 시작한 동시에 2016년 겨울 사랑하는 할머니, 유영자 씨를 여의고 내가 그처럼 돌연 땅으로 꺼지면 남은 이들이 나를 어떻게 추억할까 노파심에 시작한 글이기도 하다. 그럼에도 산 자들의 시선은 크게 중요하지 않았다. 당장 무너진 내 속을 꺼내기 급급했기 때문에 다소 불친절할 수 있다. 당신의 해량을 기대하겠다.

2016

2016년 4월 11일

시간은 참 잘도 흘러간다. 휴학을 하면 무얼할지 고민했던 게 작년 구월이 됐다. 뭘 했나 뭘 하고 싶어했나 지금 뭘 하고 있는건가. 달라질 계기를(만을) 찾고 있었다. 머리를 댕강 짧게 치고 붉은색으로 염색하고 화장을 하는 등 외적 변화를 통해 내적으로 달라질 거라 생각했는데 여전히 제자리다.

외국 애들과 종종 얘기하다 보면 내 영어 중국어 실력이 똥이라는 걸 금방 깨닫는다. 단순히 연락하는 사람이 생겼음에 기뻐하던 초기의 감정은 날아가고 겨우 이 정도라는 생각만 머릿속에 한가득이다.

행동으로 움직이기까지의 과정이 힘들다. 허나 내가 죽이는 시간들이 되려 나에게 칼을 꽂는다. 죽고 죽이는 관계. 무료하고 무섭다.

이 어둠 속에 홀로 남겨질 수 있는 여유에 감사하지만, 내가 가질 게 이 어둠밖에 없을까 봐.

2018

2018년 3월 4일

선잠에서 쫓겨 몇 시간을 뒤척이다 결국 휴대폰을 꺼내 유튜브를 보며 낄낄 웃었다. 웃음의 효과였을까, 몰려오듯 덮치는 잠에 못 이겨 다시 눈을 감았다. 꿈에 아빠가 있었다. 내 꿈은 소위 개꿈 같은 거라 좀처럼 가족이 등장하는 법이 없는데, 아빠는 무슨 연유로 내 꿈에 올라오셨을까. 우리 사이는 꿈에서도 그랬다. 상대방 어깨에 손을 걸칠 수 있을 만큼 가깝지만 딱 그만큼의 거리를 지키는 사이.

현실과 꿈의 경계가 희미해 아빠는 꿈에서도 현실에서 할 법한 행동을 하셨다. 나처럼 까탈스러운 자식한테 본인의 여린 속을 순순히 까보이는 이유는 뭘까. 혼자 애써 모은 돈을 내 손으로 건네는 일이 왜 그리 쉬워 보이나. 아빠는 도대체 왜. 나는 왜 그런 여린 모습이 안타까우면서도 화가 나나.

아빠는 본인이 모아둔 돈이 있으니, 이걸 부섭 오빠에게 건네주면 된다면서 너는 아무 걱정 말라 하셨다. 꿈이 늘 그렇듯 전개는 급작스럽고 이종사촌에게 왜 돈을 줘야 하는지 이유조차 가늠하기 힘들었지만, 그 말을 하는 아빠와 그 말을 듣는 나 사이의 진지하고 정적인 침묵을 마트 소음이 바지런히 채웠다. 윙윙윙윙. 눈물이 고이는 소리도 들리지 않겠지.

왜 아빠가 그러냐고. 그렇게까지 나를 다정히 대하고 싶으면, 당신 속을, 그 상처 하나 가라앉지 않은 속을, 모르는 척 얌체처럼 이리저리 손가락으로 다 헤집고 다니는 나를, 그래도 딸 자식이라고 안고갈거면 가라고 생각했다.

조금 더 꿈에 머물다 나왔다. 현실로 돌아오자마자 엄마가 적자라고 하는 말을 첫 번째로 들었다.

꿈을 꿨는데 아빠가 나왔어. 그리고 그곳에서도 그가 그리도 나에게는 헌신을, 일방적인 헌신을 해서, 그래서 눈이 아려서 촉촉해질까. 얼굴이 젖는 게 싫어서 깼어. 왜 그래야 했을까. 나는 꿈에서도 늘 이해하고 사랑해야 하고 불쌍히 여겨야 할까. 아빠는 나를 왜 그렇게 사랑해 줄까.

아빠와 주고받은 카톡

중국은 청명했던 지난 며칠이 꿈이었던 것처럼 익숙한 대기오염이 다시 찾아왔어요. 한국은 어때요? 날이 갑자기 풀리는 것 같다는 말을 들었는데, 영주도 그러한가요? 꿈은 모두가 꾼다고 하지만 제가 둔해서인지, 아님 어렸을 적부터 꿈을 학교 옥상 같은 도피처로 생각하는 버릇 때문에 저에게는 그저 편안한 곳이여야 하기 때문인지, 악몽이나 자각몽이 아니면 좀처럼 꿈을 기억하지 못하는데. 무엇보다 가족들이 나온 경우도 거의 없는데, 오늘 아빠가 제 꿈에 나오셨어요. 거기서도 아빠는 아빠식의 헌신으로 저를 사랑해 주셔서 그래서 잠에서 깨서 아빠한테 연락드려요. 제가 누군가의 딸로 한 평생을 살아왔지만 그렇다고 이 일이 저에게 당연하고 익숙한 일이 아니듯이 아빠한테 '아빠'가 당연한 일이 아닌데, 이상적인 아빠를 아빠한테 들이대며 비교하는 건 옳지 못한 일인데 저는 그런 이상적인 딸이 되지 못하면서 아빠한테는 왜 그런 사람이 되어주지 못하는지 자비 없는 요구를 했었던 것 같아요. 죄송해요. 아빠, 늘 사랑한다 먼저 말씀해 주셔서 감사해요.

2016년 11월 18일

할머니- 하고 부르면 응- 대답할 사람이 내 인생에 몇이나 있을까.

앞으로 더 만날 수 있을까.

곁에 머물 수 있을까.

나를 할머니라고 부를 사람은 있어도 내가 부를 사람은 딱 한 분, 우리 할머니 하난데.

이제 어쩜 좋지. 죄송해서 어떡하지. 내 결혼식도 내 졸업식도 내 취업도 모두 함께 축하할 수 있을 줄 알았는데 자꾸 약해지시면 나는 죄송해서 어떡해.

2017/02/18/토요일/비옴

돌아 왔다. 이번에는 시간이 워낙 느리게 가서 휴일을 더 늦게 즐까 싶었는데
어느새 돌아가는 날을 다가오고 있다.
여수공항으로 가는 길에 아빠가 운전하시는 차에 엄마랑 셋이
타고 가서 참 행복하다고 싶었다.

할머니하고 부르면 응 이라고 대답
할 사람이 내 인생에 몇이나 있을까
앞으로 더 만날 수 있을까 볼 수 있을까
나를 할머니하고 부를 사람은 있어도
내가 부를 사람은 딱 한 분
우리 할머니 하나에.
어떡해. 죄송해서 어떡해.
내 결혼식도 내 졸업식도 내 취업도
다 볼 줄 알았는데 자꾸 앞당겨지면
나는 죄송해서 어떡해.

내 사랑하는 손녀 영아
걱정하지마
할미가 잘 있어
그럼 다 잘 될거야

1/71 01.26 / 일요일
학교로 등하교 하지 벌써 일주일 하고도 하루가됐다.
월화 이틀도 꼬박꼬박 수업을 갔지만 그 뒤에는 가지 않았다.
혼자 오래도록 시간들을 익숙하고 걸어있는 듯듯한 내 뫼뫼되
에서 갈 았다.
학회대니 돌아오는 길에는 찬어 생각을 했다.
~악회~ 리동 학어니께 돌아가면 내가 오르듯을 알오 경험한
일들을 알겨드려야지라니 성공 해오려가는 축복되를 받을거
시작이었다.
나는 그저 학어니가 오렇음 초옥에살 빼다.
성공도 좋지만, 내 마음을 흑세에 게 가까이 알리는것도
좋지만 나는 그녀가 내 곁에 계였음 한다.

2017

2017년 2월 18일

내 사랑하는 손녀 영빈아. 걱정하지 마. 할머니 잘 있어. 그리고 다 잘 될 거야.

2017년 12월 20일

일기에 뭘 적어야 좋을까. 요즘 내 속이 얼마나 썩었는지, 이따금 올라오는 신물에 내 속이 얼마나 아린지? 내 시간은 흐르는 듯 어쩜 고여 있기만 하는지. 고인 시간 위로 다른 시간의 색이 겹겹이 쌓여 이제는 본연의 색을 잃어버린 녀석이 엉금엉금ㅍ. 기어코 앞에 앉은 녀석과 뒤섞여 검게만 보인다는 것. 조심성 없는 내가 실수 혹은 고의로 가까이 다가가기라도 하면 내 옷을 검게 물들일 것만 같아. 정체 모를 것들을 영영 멀리하고만 싶다.

어제와 오늘 그리고 내일을 구분하는 건 내가 침대에 들어가 이불 속에 몸을 웅크린 상태로 눈을 감고 뜨느냐 아니냐 뿐.

※

부모님 환갑 결혼 30주년 여행 보내드리기

크루즈 일정과 비용 검색 요망

2018/03/27/화/날씨는 모르겠음 나가지 않았어

울렁거리는 날이었어.
나 원래도 잘 흔들리잖아. 근데 오늘 서있는 곳이 유독 흔들렸어.
자주 아팠잖아. 엄마는 늘 엄프라고 너때 그러니(?)런 했는데.
그냥 아프던 게 그렇게 훅 하고 아니, 퉤하고 입밖으로 나더
맞아, 그래. 그러니 나 늘 아플거야. 이게 몸이 경선같은데다
잡아먹혔어.
너무 아파서 그게, 악 찡찡 거렸어.
글로도 그랬고, 덧글로도 나 아프니까 누가 어서 와요 해줘요 하고 다친 속을
다 까 내보였어. 그 착한 사람들은 아니나 다를까 나를 일으켜세우고,
내상처를 쳐다보고 안쓰럽게 느끼며 위로해줬어.
다시 애어난 건, 그 응급처치를 모레 떼어낸번 역시나야.

섣불리 보이지 말라 했는데, 이해를 하는 걸과 자연(?)에 달라붙는
편가는 또 다른 일인데. 생각이 짧았어.
아프다고 울줄만 알았어.
당연이라면 나를 안아줄 것 같았어. 나도 모르게 그런 확신을 가지고
있었어. 그래서 그렇게 구질구질한 내 옛날 껍데기들까지 다
보여줬나봐. 우리엄어한테도 다 못보여줬는데.

언젠가 제가 그랬어요. 속 이야기를 다 해본적은 없고 늘 알아서
혼자서 해내야 했기때문에 누군에 굳이 사랑을 필요 해야 하는
이유 조차 모르겠더라고요.

기억의 03/화

소늘,
이제 너를 소늘이라 부르기로 했어.
맞아 참 별 시덥잖은 일을 한다 생각하겠지.
그래도 어디 한 군데 쯤 너 속 얘기 털어놓면 좋잖아.
가을 바람 중 하나인 늦 바람에 너 딱 한가지 쓸쓸한 노하 것고도,
즉 25층의 큰 거인같더라 같이 쓸쓸하다는 뜻이래.
나는 늘 내 얘기를 편히 털어놓을 수 있는 곳이 필요했어.
좀 더 어렸을 때는 엄마였고, 조금 더 커서 SNS를 시작하고 내 가장
조심씩이지만 그 곳에 내 속을 끌어놓기 시작했어.
누군가에게 반응없은 보다 죽어 만, 그냥 다 또래배설이 아이올더라.
지금도 그래. 다 개우로봐.
분명 처음에는 난 이 쓰레기록들이라 나뉘 보라 약속 했었는데
내 우울과 자리감을 누구에게 보여주겠니?
소늘이 부재가 중독을 이어진데. 난 요즘 예수는 깨일해.
본을 너야 하는데 그 넌 지각합게도 안 해여 너. 거들터도
안 보여더 말이야. 한심하지? 너가 내 생각 해도 그래
괜찮아. 너는 모르로 네니까. 이미 거리감에 너 중불리
나를 너무 하고 있했어. 나는 너는 앞이 이어 졌으돼
네 이음은 어쩐지 이끌지 않을 것 같아.
이미 겪었으니까, 내가 믿다 차기 전에 내가 나 빼게
있다 했었어라.

2018년 4월 3일

소슬,

이제 너를 소슬이라고 부르기로 했어.

맞아. 참 별 시덥잖은 일을 한다 생각하겠지?

그래도 어디 한 군데 즈음 내 속얘기 털어놓으면 좋잖아.

가을 바람 중 하나인 소슬바람에서 따온 한자로 쓸쓸한 소蕭와 거문고 슬瑟, 즉 25줄의 큰 거문고 소리와 같이 쓸쓸하다는 뜻이래.

나는 늘 내 애기를 편히 털어놓을 수 있는 곳이 필요했어. 나에게 그 상대는 엄마와 SNS였지만 결국 내 전부를 밀어내는 건 오직 엄마 한 곳이야. 믿을 수 있는 사람이거든.

SNS에 글을 올려서 누군가에게 반응을 얻는 것도 좋지만, 그냥 다 토해내고 싶은 마음이 더 커.

지금도 그래. 다 게우고 싶어.

분명 처음에 이 일기를 가족들과 나눠보자 약속했었는데, 내 우울과 자괴감을 누구에게 보여주겠어?

소통의 부재가 중독으로 이어진대. 난 요즘 SNS를 매일 해. 논문 써야 하는데 그건 지랄맞게도 안 하면서, 거들떠도 안 보면서 말이야. 한심하지? 내가 생각해도 그래. 괜찮아. 너는 또 다른 나니까. 자괴감으로 이미 충분히 나를 저주하고 욕했어. 너는 나를 많이 미워해도 돼. 네 미움은 어쩐지 아프지 않을 것 같아. 이미 겪었으니까. 네가 밉다, 하기 전에 내가 먼저 나를 미워했으니까.

2018년 4월 18일

소슬,

어제는 엄마 생신이었어. 뭘 준비했어야 하나 뒤늦게 후회해.

엄마는 매년 더 많은 사람들의 사랑을 받고 있어. 부럽기보다 감사해. 엄마를 사랑해 주는 사람들이 많다는 것. 엄마의 진가를 알아봐 주는 사람이 많다는 것.

참 감사한 일이지. 사랑받을 만한 사람이거든.

잠깐 통화를 하는데, 생일을 챙겨준 이들이 많다고 자랑하는 엄마가 귀여웠어. 엄마 이전에 인간 김도연으로서 사랑받는 모습에 뿌듯해. 과거 사람들로부터 받은 상처는 온데간데 없는 사람처럼 꾸준히 사람에게 마음 주는 걸 멈칫거리지 않는 용기있는 자에게, 더 큰 환대가 기다리고 있기를.

2018년 4월 27일

소슬,

땡땡이를 치기로 결정한 뒤 눈이 떠지는 시간에 일어나 느지막이 오후 수업을 준비했어. 실은 지금 이렇게 일기를 적으면서도 조금 그래. 애초에 왜 그 수업을 신청했을까. 이렇게나 듣기 싫어하면서 말이야.

예진이를 만나 냉면집까지 걸었어. 요즘 몸을 움직이는 일 자체가 싫어. 특히 걷는 것. 그런데 너는 내가 아직 말 안 했으니 모르겠지. 걷는 도중에 무릎이 시큰거려 다리를 살짝씩 절었어. 생각 없이 걷다 보면 냉면집에 도착한다, 스스로에게 최면을 걸면서 말이야. 생각 없이 걷는 게 어떤 느낌인지 알아? 느닷없이 튀어나온 목적지에 놀라는 것.

사실 머릿속에서 생각을 아예 쫓아낼 수는 없어. 지울 수는 더더욱 없고. 대신 투명해질 수는 있겠지. 방법은 간단해. 무심해지자 무심해지자 주문을 거는 거야. 가는 길 위에서 만난 무례한 흡연자들도, 나를 충분히 피해갈 수 있지만 뒤에서 경적을 울려대는 오토바이들도, 분명 보행자가 건너가야 하는 신호인데 좌회전 우회전하는 차들도.

무심해야 나는 또 살 수 있어. 아니면 한 걸음에 욕 한 바가지야.

내 입이 걸어진 이유 중 오 할은 이 길 위 생명체들에게 있어. 아 그래서 스스로를 진정시키고자 예진이를 만났어. 오늘도 나는 섣불리 나를 보여야 한다는, 좋은 사람이고 싶다는 욕심에 나를 꺼내들었고 그 아이는 어떻게 생각했을까. 분명 즐겁다고 했는데 진실일까. 어디까지 그 마음이 유지됐는지는 모르겠어. 많이 힘들어했는데.

나는 요즘 다정한사람 놀이에 심취해 있어. 그리고 사람이 고파서 주저리주저리 떠들었는데 내 이미지는 그 단어들처럼 우수수 파편이 되어 떨어지지 않았을까. 사실 지겨워. 지겨워 죽겠어. 자책은 쉬운 선택이라는 데 동의해. 나보다 나은 이들에게 자극받고 정진해야 하는 건데 말이야.

2018년 5월 18일

소슬,

사람이 필요해. 혼자 지내는 시간이 중요하듯 같이 지내고 싶은 욕심이 있어. 속해 있고 싶어. 웃긴 건 사람들은 나를 좋아하지 않아.

내가 좋아하는 방식으로 나를 좋아해주기 바라는 건 욕심이 너무 많은 걸까. 내가 한심한 건 왜 때문일까. 요즘 한심하다는 말을 많이 들었어.

문제 있다고 지적하는 사람이 둘이라면 정말 내가 문제인 거야? 내 감정을 모르겠어.

아니라고 부정하고 싶은 마음이 먼저 뛰쳐나가서 곧장 시인是認을 내보냈어. 가서 데려오라고.

부인否認, 걔는 좀 불쌍해. 사랑해주는 게 나밖에 없어서. 그래서 속으로 인정하면서도 겉으로 약한 모습 보일까, 상처받은 모습 내보일까 아니라고 하거든.

친절한 사람이 되어라. 이야기를 들어주는 상냥한 이가 되어라. 내가 가진 것들 중 가장 좋은 것들을 골라 남에게 주어라. 손해를 보더라도 참아라.

손안의 미움을 남에게 던져 그들을 아프게 하는 건 내가 건네받은 지문 중에 없었고 스스로에게 던지는 게 제일 쉬웠을 뿐이야. 결국 자책은 너무 쉬운 선택이라는 말, 맞네.

2018년 6월 5일

소슬,

나 사실 고장났어. 이제 확실해. 사람은 제때 감정을 표출하지 못하면 그걸 평생 안고 가나 봐.

혹은 내가 할머니를 변명처럼 쓰는 거지. 못된 년.

나를 미워해. 혐오해. 동시에 나는 그 자리에 누워 눈 하나 깜빡하지 않아. 익숙한 나니까 실망하지 않는 건지 이미 실망으로 가득 찬 방에 비집고 들어갈 틈이 없는 건지.

사춘기가 오지 않았던 건지 정말 고3이 사춘기였는지 나는 지금에서야 알게 됐어. 내 안의 불안들을.

눈치는 늘 보고 있었는데 인정하지 않았다가 더 가까워진 지금에서야 알아차린 거야.

2018년 6월 12일

소슬,

가니 안 가니 당혹스럽니 원망스럽니 얘기해도 결국 나는 한국으로 가는 비행기를 탔어.

새벽에 심혈을 기울여 쓴 졸업 논문 수정본이 80점을 받았다는 걸 보고 허탈했어.

왜 비행기를 타기 전날 밤은 잠에 들 수 없을까.

스물다섯이야. 부끄럽지만 나는 스물다섯이야. 처음 비행기를 탄 건 열한 살이었어. 가진 게 없다 입버릇처럼 세상을 저주했지만 나는 참으로 많이 가졌었네.

쓸쓸해서 들어가는 길에 그 시작부터 혼자라니, 나는 어쩌면 누군가의 그림자에 겹쳐지는 일은 잘 없을 것 같아.

80점을 보고 허탈하다 했지? 이제야 할머니를 애도할 수 있을 것 같아. 내 새벽은 목적어가 없는 울음에 젖은 시간들이야.

2018년 6월 16일 어젠 바람이 그리 세게 불더니 오늘은 날이 맑다

소슬,
나는 불완전한 사람이야. 완전하다는 말은 어쩜 유토피아와 어울리는 단어일 수 있겠다. 아니, 불완전하기보다 단단하지 못한 사람이지.

ㄴ, 소슬,
나는 불완전해. 어쩜 완전함은 유토피아와 겨우 어울릴 수 있는 말 같아. 아니, 나는 불완전보다 물컹한 사람이야. 눌려 터져버린 복숭아같이 복숭아물이 질질 새고 여기도 꾹, 저기도 꾹, 눌려 있어 처음 그 모습을 알아볼 수도 없게.

2018년 6월 16일

"나 뚱뚱하니?"

엄마는 종종 저런 질문으로 나를 당혹스럽게 한다. 내 눈에 엄마는 '엄마'이자 내가 사랑하는 사람. 뚱뚱이라니?

엄마는 먹는 걸 좋아한다. 달고 짜고 맵고. 동시에 견과류 특유의 식감도 좋아한다. 하지만 많이 먹지 않는다. 하루종일 가게에서 사람들을 상대하느라 식사 시간이 급하게, 늦은 시간에 이뤄지기 때문에 그렇다. 먹지 않으면 다음 날 일을 할 힘이 없다는 건 며칠 일손이 부족해 나가 본 경험으로 알게 됐다.

다시 질문으로 돌아가서, 우리 엄마는 뚱뚱한가? 아니다. 엄마는 풍채가 좋은 사람이다. 167센티미터의 키로 살이 고루고루 찐, 다만 배가 유독 두툼한 그래서 배 위주의 운동을 했으면 좋겠다(내장지방의 위험이 있다 들었다) 등의 생각만 든다. 어렸을 때의 엄마는 나에게 "엄마 뚱뚱하니?" 따위의 질문을 하는 사람이 아니었다. 일찍 결혼을 한 엄마는 젊은 나이에 출산했는데도 불구하고 산후조리를 제대로 하지 못해 몸이 안 좋아졌다. 스물 셋 처녀는 열 살 많은 남자에게 시집을 왔다. 친정에서도 도와주지 않았고 나의 사랑하는 할머니 역시 엄마의 산후조리를 위해서 그렇게 집에 오래 계실 위인이 아니었다. 엄마는 산후조리도 제대로 하지 못하고 집에만 누워 있기 뭐 하다며, 바로 일에 뛰어들었다. 동생을 낳았을 때 역시 같다. 셋째를 낳을 때는 억지로 자궁을 묶어둬서 몸이 더 안 좋아졌다. 엄마는 쉬어도 쉰 것 같지 않다는 말을 버릇처럼 한다.

엄마를 아프게 한 나한테 엄마가 뚱뚱하냐고 묻는 건 반칙이지 엄마. 내가 어떻게 그런 말을 해. 사람들이, 엄마의 가까운 사람들이 "빈이 엄마 왜 이렇게 쪘어? 관리 좀 해야겠다" 따위의, 그런 씨발, 개소리를 들으면 왜 남을 평가하고 재단하냐고 쏘아붙이고 싶은 걸. 단지 엄마가 좋아하는 우리 예쁘고 착한 딸 이미지를 위해 겨우 참는 것 알아? 모르겠지. 말이 투박한 나는 엄마의 반복된 질문에 아무리 진심을 담아도 보이지 않겠지. 보기 좋은 게 먹기도 좋다는데 나는 포장부터 보기 안 좋잖아.

죄책감이 아니야. 정말 당신은 사랑스러움 그 자체야. 나를 이 세상에 던져준 건 감사함을 품기 어렵지만, 늘 나에게 사랑이 무언지 표현해주려 하는 당신을 애정에 고픈 내가 어떻게 지나칠 수 있겠어? 내 두 눈에 그렇게 아름다운데, 왜 당신을 그 껍질로만 판단해 달라 말할 수 있어? 까만 두 눈이 얼마나 반짝거리는지, 맨질맨질한 코끝이 얼마나 만져보고 싶게 생겼는지, 장난스레 올라간 입꼬리가 얼마나 개구져 보이는지. 툭 무심하게 올라간 광대가 사랑스러운지 당신은 모르지. 엄마, 당신은 하나하나 따져보아도, 모아봐도 사랑스러워요.

2018년 6월 17일

소슬,

단 한 번만이라도 할머니께 내 편지를, 너무 서둘러 입 밖으로 나서는 순간 의미를 잃고 쓰러지는 아이들보다 조금 더 단정했을 내 글을, 내 마음을 보여드릴 수 있었더라면 얼마나 좋았을까. 그랬더라면 지금의 나는 조금이나마 더 편안했을까.

내 달은 왜 보이지 않는지 모르겠어. 달 없는 밤하늘의 어둠이 길어지는 날들이 이어진다.

2018년 6월 18일

소슬,

내가 역겨워.

누워서 머리를 뒤로 젖히면 죽을 수 있을까. 내가 싫어하는 것들은 하나 같이 대단한 것들이야. 버러지 같은 게 뭐라고 감히 하늘을 미워하고 질투한데?

애벌레는 나비가 되어 적어도 그 속에 풍경으로 속할 수라도 있지.

나는 계속 이 땅에서 빌빌거리다 죽을 거야. 바꿔야 할 것들은 너무 많은데 나한테는 힘이 하나도 없어. 내 삶의 구원자? 그거 나는 못 할 것 같아. 나는 아무것도 구하지 못할 거야. 나는 아무것도 아니거든. 다들 큰 착각을 한 거야. 호의를 보인 사람들은 대체 뭘 보고 그랬을까. 벌거숭인 걸 알게 되면 나는 또 혼자일 거야. 원하지 않았던 분주함이었고, 그 분주함 덕에 침묵의 무게가 더 닿겠지.

.

가끔 그런 생각을 해.

그때의 그 맨질맨질했던 살가죽을 다시 한 번 느껴볼 수 있지 않을까,

하는 뜬구름보다 더 희박한, 없는 구름을 잡는 생각을 해. 할머니가 꼭 어디선가 살아계실 것만 같다는 생각 말이야.

내 출발선은 그들과 같지 않은지, 유난히 느리다.

2018년 7월 1일

약간 좆된 듯.

2018년 7월 5일

소슬,

귀에 익은 발소리가 실은 내 심장을 탁탁- 밟고 있었다는 사실을 이제야 깨달았어.

익숙해지는 일은 대체 뭘까. 언제까지 덜그럭 소리 한 번에 가슴 위로 손 올리고 기다려야하나.

내가 못나서 미안해. 재능이 있었더라면 좋았을 텐데. 그러지 못해서 미안해. 나의 가장 큰 달란트는 가족이라고 믿어 의심치 않았는데 나는 어쩜 자라지를 않아. 아니었잖아. 나는 신이 빈 손으로 밀어낸 아이야. 두 손이 텅 비어 애꿎은 주먹만 쥐락펴락하는 아이야.

던지는 말이 심장을 꾹꾹 밟고 피 흘리게 하는 걸 모르겠지. 이 세상 가장 옳은 사람이니까. 어째서 저는 고분고분해야 합니까. 땅과 입술이 닿을 만큼 고개 숙임으로써 제가 얻는 게 무엇인가요. 아침 출근 시간 십 분 전에 도착하지 못할까 태워주는 것? 이따금 기분 좋으실 때 어울려 장난치는 것?

손을 이리저리 돌려 손톱을 살펴. 간밤 바싹 깎은 손톱이지만, 그 밑으로 살점을 조금이라도 더 저장할 수 있는 방법을 찾으려고 말이야.

2018월 7월 9일

당신은 내가 좋아하던 몇 안 되는 이름 중 하나야.
그날 나는 이름 두 개를 잃었어.
내가 부르던 당신 이름과 당신이 부르던 내 이름.
나는 앞으로 영영 그 둘을 그리워할 거야.
나이 든 목소리로 당신을 부를 날 위해 나는 잃어버려도 잊지는 않을게.

2018년 7월 17일

다음 비번: Savemyself09!

2018년 7월 26일

소슬,

이랬어저랬어 이야기하기에 어제와 오늘 그리고 내일을 크게 구분짓지 못할 것 같아. 색종이로 손잡고 있는 형상들을 잘라둔 날들이야.

나 졸업했어. 정말 졸업했나 봐. 살면서 가장 힘들었던 시간이었어. 푸스스 엄마는 웃더라. 웃긴 이야기는 아니었는데 말이야.

손이 크고 투박해 까슬까슬한 삶을 살았다는 엄마 손 옆에 설거지 한 번으로 습진이 생기는 내 손은 너무 곱겠지. 곱다는 말이 나와서 말인데 나 이제 예뻐지려고 노력하지 않으려고. '나'라는 생각을 가진 사람이 되고 싶어. 다른 누군가의 생각도 아닌 바로 나의 생각을 가진 사람.

2018년 7월 27일

소슬,

아무것도 못 하고 죽는 게 두려워.

세상에는 볼 것도, 들을 것도, 갈 곳도, 이야기할 것도 많은데 나는 어디로 가야 할지 모르겠어. 제자리에서 고장난 나침반처럼 빙글빙글 돌다가 삶이 그대로 싹둑 잘리지는 않을까.

제멋대로 상상하는 끝이라는 걸 알면서도 이런 끝이 두려워.

나는 이야기를 전달해 줄 의무가 있어. 할머니가 나를 기다리고 계실 텐데. 내 눈에 담긴 것을 그에게 오롯이 건네기로 약속했어.

끝이 두려워.

2018년 8월 5일

반짝이는 눈 속 자신감이 읽혀서, 담담하게 내미는 말들에 부모의 자애가 담겨 있어서 내 마음이 축축해졌어. 나는 또 눈물이 났어.

나를 보물이라고 했잖아. 나를 엄마 삶에서 만난 것들 중 가장 귀한 것이라고 했잖아.

나 지금 빛을 잃어가고 있어. 안 보여? 엄마의 삶이 내 바래짐으로 함께 바래지는 게 무서워.

그래서 콱 죽어버리고 싶어.

2018년 8월 6일

불안과 불만이 자주 나를 찾는다.

"너 뭐 하며 살고 싶니?"

날숨 가득한 그 말들을 내가 "무얼 하며 살아야 할까요?"라는 질문으로 연신 지워낸다. 하다와 살다 그 어딘가에서 숨을 고르니 내 의중을 읽지 못하는 당신의 순진함이 그저 감사하다. 나의 죽음은 당신 생각 닿지 않는 곳에 고이 장식해 뒀겠지.

자꾸 죽고 싶어. 내가 무얼 할 수 있을지 모르겠어.

더 멋진 문장으로 나를 꾸며내려고 생각하지 않은 진심은 그래. 나는 헐어버린 수도꼭지야. 힘주어 적어내린 것들을 지워내는 지우개 달린 연필이야. 나는 꼬리를 먹어버리는 머리야.

침잠하여 스스로의 코를 막아버리는 잠수부야.

침잠. 침잠. 침잠.

잠.

2018년 8월 7일

소슬,

내가 뭘 가져야만 할까. 며칠 전에 반지를 잃어버렸어.

반지는 그대론데 그 장식을 잃어버렸어. 장식이 없으니 걔는 본래의 용도를 잃어버린 거지. 이제 반지로 쓰일 수 없으니 더는 반지라 불러서는 안 돼.

2018년 8월 11일 서울

소슬,

예정된 만남이 얼른 다가오길 기다리는 건 사실 지나가 주었으면 하는 바람 때문일지도 몰라. 원치 않는 상대와의 소개팅이나 친구라고 부르던 때가 무색해질 만큼 어색한 사람들과의 약속처럼.

왜 이 아이들에게 물렁한 모습을 보이면 안 될까. 평소 잘 입지도 않던, 좋아하기는 하지만 자주 입는 옷 순위에서 바지를 결코 이기지 못할, 원피스를 입었을까. 새삼스레 꾸민 내 모습이 서울 사람들의 세련됨 속에서 유별나게 어긋남을 왜 나만 느끼는 걸까. 아직 머리 하나 걸음걸이 하나 어찌 해야 할지 모르는 나에게는 그런 치장이 과할 정도로 무거워 걸을 수 없어. 그 옛날 독특하지만 완벽한 걸음걸이를 지향하는 도시에 방문한 젊은이가 그들을 따라하다 이내 걷는 법을 잃은 것처럼 어깨는 둥글어져 그 끝이 맞닿고 말아.

당당한 사람으로 키우고 싶어하는 엄마와 가장 많이 목소리 높일 때가 바로 약속 당일이야. 끝에는 접고 들어가지만. 어쩌면 내 안의 나는 고개 들어 하늘을 보기 두려울 만큼 부끄러운 일 투성이이기 때문에 그 당당한 옷들이 안 맞는지도 모르겠어. 올라가는 길 내내 사람들과 같이 걷는 길 위에 내가 어떻게 보일지, 얼마나 부자연스러운지만 생각하느라 당장 찢어버리고, 던져버리고, 내 취향의 것들로 다시 사버리고 싶다는 충동. 착 가라앉은 머리부터 부족한 자신감에 얼룩지게 발라넣은 눈화장 그리고 단거리 달리기라도 한 것처럼 불콰한 볼까지. 무엇 하나 마음에 드는 게 없으니 나는 나라는 존재를 오렌지 껍질처럼 까뒤집고 싶어. 속이 훤히 보이게. 그래서 그 속부터 재정돈할 수 있게.

말이 길어졌네.

유쾌하지 않았던 시간은 아니야. 그래, 나 많이 배려 받고 있다고 느꼈어. 마지막 모습이 너무 실망스러웠던지 그래도 다시 만나기 싫더라. 싫어. 싫어. 싫어. 나는 왜 싫은 것들을 소중한 것들과 같이 안고 가야 할까. 사과를 한 움큼 들어 복숭아 옆에 둔 기분. 얼른 썩어버리라고.

2018년 8월 12일 대구

소슬,

네가 누구라 생각하고 일기 적을 적마다 네 이름을 꼭 집어넣는지 몰라.

친구 하나 없는 게 속상하고 나는 종종 주위에 아무도 없는 게 내 잘못인 줄은 모르고 나를 이렇게 키운 부모님(특히 엄마) 탓을 해. 이 세상에서 가장 사랑하는 사람이 엄만데, 그를 편히 생각하는 마음에 도리어 나에게 향해야 하는 발길질이 물렁한 그 사람을 눌러 내리고 있어.

스스로를 사랑하지 못하는 마음이 내 안에 있는 것과 밖에 있는 건 이리도 다르다. 바닥에 누워 있는 건 생각보다 쉽고, 일어나는 건 다른 사람을 끌어내려 그 힘으로 올라가거나 같이 눕거나. 그후의 일 같아.

집 안에 혼자 있는 시간이 길어지면 나는 금방 눕게 돼.

이 바닥은 참 딱딱하고 끈적거리는데 왜 일어나 걸어나갈 수가 없을까. 시간이 지체되어 갈까 말까 고민하는 건 내가 그곳에 가서 무얼 할지, 그걸 할 만큼 가치있는 인간인지에 대한 것.

하고 싶은 말이 많지만 모두 적기는 싫어. 본질만 담아내는 연습을 해야 하지 않나.

내가 가진 가치관들 중에 물려받지 않은 것들은 없어. 모두 오래된, 시간이 쌓여 빈티지스럽게 멋들어진 걸 갖게 되는 게 아니라 시대적 착오에 빠진 구닥다리들.

내 장바구니는 늘 내가 원하지 않았지만 끝내 고른 오랜 것들로 묵직해.

대구 어느 카페에서 입을 열기에는 너무 지겹고 오래된 이야기라 우리는 또 서로의 숨을 빼앗을 뿐.

(날짜 없음)

소슬,

날짜를 적는 게 사실 큰일이 아니라는 걸 새삼 느낀다. 여름의 나였다는 기록 정도만 해두면 되지 않을까.

집에 있는 시간은 참 낮과 밤 같아. 집안의 나는 옥상으로 나가지 않으면 하늘을 볼 일이 잘 없고 낮은 늘 밤이 되어 있어.

재밌는 건 또 왜 그리 많은지. 부모님에게 혼나지 않기 위해 생존 방식으로 택한 약간의 집안일을 제외하고는 티비를 보는 것도 재밌고 누워서 천장을 보는 것마저 재밌어.

2018월 8월 21일

소슬,

우습지만 나는 생일이 세 개야. 대단하지 않니? 언제부터였을까. 내 인생에서, 내 일 년에서 생일이 이렇게 큰 행사가 된 게. 단조로운 직선 위에 매해마다 새로운 색으로 뚝뚝 떨어지는 물감이라 그런지도 몰라. 뭐, 이유야 어찌됐든 나는 생일을 좋아해. 정확히는 내 생일을 좋아하지. 구십사 년 가장 더울 때 엄마 뱃속에 예약한 기간을 다 채우고도 며칠을 더 진상처럼 시간을 끌다 나오니 팔 월 이십일 일, 음력 칠월 십오 일.

어린 엄마는 신의 이름을 빌리는 자들에게 왕왕 자식들의 미래를 물었고 그들은 손아귀에 떨어질 복채에 충실해 귀에 달고 좋은 이야기들만 늘어놓았어. 지금 우리 귀는 아마 캐러멜이 됐을지도 몰라. 그것들이 이미 녹아서 한 방울씩 뚝뚝 어깨를 적시고 있을지도.

그래서 제법 특별한 줄 알았어. 특별한 사주를 가지고 태어난 아이는 당연히 특별할 줄 알았어. 초등학교 일 학년부터 학기 초마다 올해는 과연 친구를 사귈 수 있을까 따위의 걱정을 하는 애면서, 잘할 줄 아는 건 그저 오래 앉아 있기뿐이면서 그랬어. 그런 허황된 걸 꿈꿨어. 나는 어른들이 늘 예뻐하는 꽤 똘똘한 아이였거든.

매일 아침 현미밥을 한 숟갈이라도 더 먹이려는 엄마와 사투를 벌이는 그저 그런 보통의 아이면서도 그랬어.

2018년 8월 25일

소슬,

스물다섯 번째 생일이야. 새로운 날을 받았지만, 그래도 오늘은 내가 태어난 날이야. 기분이 무척 묘해. 불현듯 몸 어느 기관이 내 것이 아닌 기분, 혹시 아니? 숨을 의식하면 들이마시는 것도 내쉬는 것도 까먹는 그런 기분.

생일을 바꾼다는 건 사실 있을 수 없는 일이야. 태어난 순간 이미 과거가 된 일을 바꾼다는 것. 그럼에도 불구하고, 돈을 더 많이 벌기 위해 (새로 날을 주신 신문지 할매가 그걸 이유로 들었다고 해) 고른 날이 생기니 오늘의 나는 어제의 나와 달라진 게 없는 기분. 실제로 달라진 것은 없으니, 동그란 원 같은 일주일의 연속일 뿐. 아침에 일어나 좀처럼 반짝이지 않던 카톡창을 여니 숫자 1이 붉게 타오르고 있더라.

2018년 8월 28일

소슬,

네 이름을 인사처럼 시작한 이 일기도 꽤나 두꺼워지기 시작했어. 흘러가기만 하는 시간 위로 해낸 일 하나 정도는 당당히 새길 수 있을 것 같아 뿌듯하다. 다들 일기를 적으면 무슨 얘기들을 적을까. 나는 하루가 끝났는데 왜 이리 적을 게 없는지 모르겠어. 너를 찾은 시간이 애매한 시간대라 그런 걸까.

2018년 9월 2일 방콕, 태국

소슬,

내 세상이 아무리 실망스러워도 내일의 해는 결국 뜬다. 시간은 지나가고, 또 새로운 내가 될 수 있는 기회가 24시간 내내, 1분 1초마다 주어져. 모든 건 결국 내 손에 달려있어.

2018년 10월 8일 약속된 두 번째 주

소슬,

눈에 보이고 귀에 들리고 코에 맡아지고 손과 발에 느껴지는 (이상은 바라지 않을게) 시간을, 공간을 글로 옮길 수 있다면 얼마나 좋을까.

차마 그림으로는 채울 수 없는 것들이 내 글마저, 내가 세상에서 가장 오래 붙잡고 배운 글마저 생각처럼 빠져나가 버릴까, 나에게서.

강릉으로 가는 기차를 타고 있어. 창밖 풍경은 전혀 내가 바랐던 것들이 아님에도 이 시간은 그저 흘러가는 대로밖에 둘 수 없다는 무력함에 눈물이 새어나와. 내 눈물은 거짓된 거야. 나는 스스로를 슬픈 아이로 만들지 못해 안달난 것처럼 매번 이유를 찾아 풀로 꼭 붙여. 딱풀이 생각보다 잘 안 붙는 건지 아니면 내 이유가 유난히 두꺼운지 몇 개는 날아가버리고 말아.

창에 비치는 나는 내 핸드폰 속 사람들처럼 아름답지 않아. 창을 깨버리고 싶다. 왜 이 창은 투명하고 또 밖은 어두워 내가 비치는 걸까. 창밖 풍경과 창에 비치는 나 모두 흘러가는 순간의 나인데 왜 밖의 것들은 저리 좋아보여서 내 눈물샘을 헐게 만들면서 그 안의 나는 보이는 것마저 눈을 손가락으로 찔러 버리고 싶을까. 좋은 말은 언제고 할 수 있지만 나는 구겨진 종이라 펼친다 하더라도 그 구김을 없던 것처럼 만들 수 없어. 펼치고 접히고, 구겨지고, 끝.

2018년 11월 23일 망원 어느 카페

소슬,

인생이 언제 내가 메모지에 적은 대로 흘러간 적 있었나. 내 기억상 없었어.

팔랑거리는 생각을 가진 내 뜻대로 흘러갔다면 그건 그것대로 문제였겠지만. 서울에 올라온 지 벌써 한 달이 넘었어. 그동안 뭐하고 지냈는지 아니?

한 주는 집에 내려가 있었고 또 한 주는 아파서 골골거리느라 겨우 아파트 단지 앞 편의점 음식으로 식사를 때우며 보내고 가끔 울리는 핸드폰 벨소리에 킬킬 흔들리던 백지장을 떨게 했어. 한 게 없는데, 뭘 할 거냐고 묻는 건 계속 백지를 유지하라는 얘기로밖에 들리지 않으니까.

이따금 그냥 결혼해버릴까 하는 빛도 보이지 않는 쥐구멍으로 기어들어가고 싶은 충동도 들었어. 결혼은커녕 연애할 남자도 없으면서 무슨 터무니없는 생각인지.

정말 몇 년 만에 중국어 교재(라고 하기에는 너무나도 HSK...!)를 펴서 단어를 연습장에 적고 있으니 나 너무 멍청하게 느껴지는 거 있지. 다 아는 단어들이야. 한번 써보라고 하면 긴가민가 이게 맞는지 아닌지 괜히 조마조마하면서 자존심 때문에 얼굴에는 미소만 가득 띄우고 있을 거면서 말이야.

며칠 전에 집에서 가져온 편지들을 정리하면서 겨우 인사말만 적은 엽서를 찾았어. 할머니 생신 때 보내려 했던 거였더라. 할머니 생신 축하드려요 라고 적은 글을 읽는 순간 '와, 나 인간 쓰레긴가. 어떻게 일을 한 번 시작하고서는 끝내지 못해.' 너무 한심해서 이걸 꼭 다 적어서 태워 보내드려야지. 너무 늦은 축하지만 그래도 보내고 싶고 끝맺고 싶어. 나는 이토록 끔찍한 인간인데 나한테서 빛을 찾는 이들은 어떻게 된 걸까. 참 정신없는 사람들. 허상에서 진리를 찾으려 하다니.

2018년 12월 7일 망원, 독서실보다 더 조용할 카페 종이다방

소슬,

어른들 말씀을 들어 잘못될 일 없을 거라는 건 역시 맞는 말이었을까. 누군가를 따라한다 해서 나의 것으로 받아들일 수 있는 게 아니고 이식 수술은 늘 약을 복용하며 살아야 해.

너는 아멜리가 될 수 없고, 계절로 추억되는 일기도 될 수 없어. 네 이름은 언제 닳아 사라질지 모르고.

뭐가 남아 있기는 한 건지 모르겠다. 처음 갈색종이를 받아들었을 때 든 생각은 '아, 나는 왜 이토록 한심한 인간인가. 내 안의 무얼 태울 수 있는가. 미래를 향한 열정도, 희망도, 가능성도 품지 못한 나는 이 척박한 땅을 대체 어떻게 일궈야 하는가.' 고통에 찬 비명만 지르고 싶었어.

그래. 엄마는 내일을 보며 오늘을 살라고 했지만 나는 그래. 나는 태생부터가 일그러진 인간인걸. 이제 와 고친다한들 고쳐지겠어? 내 안의 못 박힌 창들이 몇 갠데, 내가 빛이 들어오게 열 수 있겠어? 나의 청춘은 지난하기만 하다.

언젠가 왜 내 청춘은 타오르지 못하는지 물었더니 그 아이와 네 시간은 다르게 흘러간다 답해주었으면서 왜 지금은 타오르지 못하는 불씨를 손가락으로 냅다 눌러 꺼뜨리려 하시나요.

이렇게 사라지면 되는 겁니까. 누구 하나 데워주지 못하고 내 안의 온기를 식어가게 두면 그걸로 되는 겁니까. 나는 어디로, 대체 어디로 흘러가야 합니까.

비루한 내 품속 청춘은 작고 보잘것없어 언제고 할 수만 있다면 엄지로 꾹 누르고 싶습니다.

2018년 12월 7일

횡단보도에서 신호를 기다리는데 공사 차량들이 지나가는 걸 보고 느닷없이 이곳의 지반이 약해 싱크홀이 생겨 내가 죽게 된다면 내 기억들은, 나라는 사람에 대한 평가는 어떻게 이뤄질지 내 가방 속 일기장을 안전한 곳에 두고 다니는 게 옳은 일인지 잠시 고민했어.

죽음과 나의 거리가 멀다 느끼지 않는다. 특히 할머니의 죽음 이후로. 살아있는 나와 내 그림자 사이. 생명과 죽음의 거리는 딱 이정도다.

2017/01/27/일요일/5˚-6˚/양원동 이라크수

눈,

눈과 함께 되는 날이 내 안의 우울이 마르는 날이 올까. 내가 내 세포들을 깡그리 볼 수 있는 날이
그들 그것들이 원하는 걸 하나하나 쥐어줄 수 있는 날이 되긴 할까.
한발 비켜 책 얹어 앞으로 책상 앞에 부은 눈을 들어 앉아 있으면 그대로 지난밤이 수북이 쿠둥거리 들
득한 눈으로 쏟아내고 싶다. 그렇게 하나씩 쏟아내다보면 내 몸까지 검게 휘채져서 눈으로 눈이 되어있

019/02/14/ 훌렁당 벗겨야외/

늘,
가 죽고싶어. 그래. ~~영원히 날~~ 할머니 장례식장 에서 제 신코 걷지는 흉행이 목줄을
억지로 내리던 그늘을 기억해. 나는 그저 웃음을 참았어. 상관에게 더 말을 포학시켰어.
한떡

019/02/17/ 일/ 4°~ -6° 체감온도 -3°

늘,
운동. 왜 이미 지나간 것들은, 스쳐 지나간 것들을 끊고또록 반격안가.
내 종심 가장 밑에 불잡아 두고싶었으나 내 약력이 부족했었어 흘러 내려간 것들로
능이 부서. 가질수 없는걸 알아서 배아파 그러는 걸까?

어질때 그 아주머니의 딸 얘기가 머릿속을 떠나지 않아. 지현게 머릿속을 휘비고
계심에도 역 그 관객을 아끼려고 되있는건 롬창한 내 국개 도치기자라서.
반짝이지 '않는' 내가 얼마나는 누꺼워이 걸음이가.

숨쉬 소음 더 전율해 봐져 볼까?
유약한 나란 인간은 불 끝을 세워로 이루어 것이 속하는 영을 궁아있어.
      아무 대단차도
사랑드속에 싫어 는박도 여기지 못해서 내가 너만 만큼 좋아 하는거 그라 들라
좋아하는 이강이 너들 좋아하게 안단. 발족의 올러서 저기 그곳에 걸어서 내얼에나
      여러 읽기 바래고.
            종차한이 없은 안병은 내를 그곳 수속한 할고그러거까니
               땅을 따라 어데 넘기 서성하겠을게까.
                 옴마~~여자~~는 얼마의 산소호흡기를 빼앗으기 볼꺼며
                    너는 된개 옷된 '얼간이' 같아. 어떻은 인간이 같다.

이나이가. 너무 쉬워. 내 국성 헌지.
옴안~~4학년~~우형의 생각이 입 밖으로 나가 누군거의 아옹에 박힐때
장식 얼굴로 사거지간 경찰 라시로 내 이말에 동아앉이.
 어러를 한계를씩 들어내고 제게 만들러씨 낙아가고
    불떠뒤겨져서 생각 숙여가고 싶이.

2019

2019년 1월 4일 망원, 광합성 카페

소슬,

아빠 말처럼 내가 성실하게 살아갈 수 있는 일이 무어 있을까. 비록 내일에 열정은 없더라도 묵묵히 포기 않고 할 일이 있어야 할 텐데. 나는 두려움을 수면제처럼 삼키고 눈뜨길 거부하고 있어. 어둠은 이제 익숙해서 휘두른 손에 붙잡히는 것들과 함께 거침없이 앞으로 나아갈 수 있어. 나아간다는 말 자체가 어폐가 있다. 나는 고여 있어. 빗방울이 송글송글 맺히는 것도 아니고 말이야.

내 두려움을 안고 있으면 아빠의 불안을 무시해도 되는 건 아닌데. 나는 내가 마냥 어린 줄로만 알았는데 벌써 스물여섯이야. 흐지부지 보냈다고 얘기하면 지난 오 년이 쓰레기통으로 보내질, 내 발목을 굳게 잡고 있는 쇠사슬 그 이상도 그 이하도 안 되는 시간이 더 지나면 녹슨 사슬에 상처만 가득해 파상풍으로 발목이 절단되고 말, 그런 시간일 거야.

·

만나기 싫었어. 이건 고질병 같아. 실제로 그 사람 앞에서는 진심처럼 보이는 살짝 지친 웃음을 잔뜩 보여줄 수 있지만. 그래도 만나기 전까지는 내가 너무 싫어. 아, 그래. 글을 쓰면 꼭 내 진심을 향해 달려가게 돼. 말주변이 없는 것도, 그 사람을 만나 익숙한 내 울타리를 낮추는 것도 그리고 그를 배웅하면서 다시 매만지는 내 울타리는 너무 차가워. 우선 그 안의 내가 너무 못생겼고 볼품없어. 얼굴이 벌게지도록 창피해, 내가.

·

스며들 수 있을까. 그들의 '선'이? 될 수 없음을 너무나 잘 알고 있는데 그런 꿈을 반복해서 꾼다면 너는 나를 머저리라 한숨 쉬며 손가락을 관자놀이 근처에서 빙글빙글 돌리겠지.

2019년 1월 7일 망원, 광합성 카페

소슬,

이기고 싶지 않은 것. 알람을 맞추고 침대 위 벽에 비스듬히 세워둔 베개에 기대어 잠이 들었는데 결국 좀비가 등장하는 일명 좀비 꿈에 화들짝 놀라 새벽에 눈을 떴어. 아, 아닌가 다시 깼을 때 꿈을 연달아 꾼 건가. 꿈에서도 온 정신을 집중해 직전의 꿈을 기록했는데, 일어나자마자 꿈을 기록하는 건 이제 꿈에서까지 습관이 되어버린 모양이야.

섬뜩한 꿈이라 이걸 말해도 될는지 고민이 되어서 엄마에게 연락했더니 샐러드를 사러가는 길이라고, 아까는 목욕탕이라 전화를 받지 못했다면서 다시 전화가 왔어. 나쁜 건 조용히 혼자만 알고 있으라며 야박한 말을 하길래 야박한 야바위꾼이라 그랬어. 야박하다는 말이 야바위꾼을 떠오르게 했거든. 머릿속에 떠올랐다는 이유 하나로 엄마에게 그런 말을 한 이유는 시간이 지난 지금까지 모르겠어. 나도 참 웃긴 인간이지 뭐.

2019년 1월 10일

소슬,

일기는 하루가 끝난 뒤에나 적는 거라는데 나는 늘 시작과 끝도 아닌 시간에 일기장을 펼쳐. 부모님의 등에 매달려 한량처럼 살면 어떤 느낌인지 궁금하지 않니? 그대로 뛰어내려 땅에 얼굴을 박아 죽고 싶어. 아니면 얼굴을 갈아버리든지 그것마저도 안 된다면 뇌라도 흔들어서 정신을 놓든지. 한심하니? 갖고 싶은 것들이 많아서 따라하면 조금이라도, 전부는 아니더라도 조금이라도 다정함을 내 몸에 새겨서라도 심고, 길러서 내 것으로 만들고 싶었는데. 그럴 수 없었어. 모든 건 머리에서 그칠 뿐이야. 훔친 것들은 결국 저들끼리 붙어먹고 나를 떠나.

2019년 1월 26일

소슬,

어느 산 정상에 올라가 소리라도 한 번 지르면 속이 시원해질까. 내 안의 이 찌꺼기를 언제쯤이면 다 꺼내, 버릴 수 있을까. 감정을 질근질근 씹어 내 안에 삼켜 넣은 것들이 찌꺼기처럼 남아서 죽을 것 같아.

아무것도 없는데 또 너무 많아. 무얼 원하는지도 모르겠어.

내 감정이 그처럼 아름답게 처연하게 그려질 수 있을까. 아니, 아마 난 안 될거야. 내 가족마저 거부하고 밀어내는걸. 내가 가진 것 중 뭐가 마땅히 빛날 수 있는지 모르겠어. 몇 년 동안 생각해 온 건 그저 판화칼로 박박 긁어내서 버리고 싶다는 생각뿐이야.

그들이, 빛나는 그들이 부러워. 왜 좋아하냐고? 빛나는 걸 가지고 싶어 하지 않을, 손에 한 번이라도 쥐고 가까이 들여다 보고 싶어 하지 않을 이가 어디 있겠어?

바닥으로 밀려나 그렇게 꿈꿈한 냄새에 코 박을 새도 없이 그렇게 머리를 묻고 있을 때 너는 그렇게도 황홀하게 빛난다.

2019년 2월 17일

소슬,

왜 이미 지나간 것들은, 스쳐 지나간 것들은 그토록 반짝일까?

내 중심 가장 밑에 붙잡아 두고 싶었으나 내 악력이 부족했는지 흘러 내려간 것들은 눈이 부셔. 가질 수 없는 걸 알아서 배 아파 그러는 걸까?

며칠째 이제 아이돌로 데뷔할 거라는 그 아주머니의 딸 얘기가 머릿속을 떠나지 않아. 거칠게 머릿속을 긁어내고 헤집어도 그 잔재는 이끼라도 되었는지 음침한 내 속에서 도리어 자라나. 반짝이지 않는 내가 엄마는 부끄럽지 않을까?

조금 더 진솔해져 볼까?

유약한 나란 인간은 아주 오랜 시간 끝을 제대로 마무리 짓지 못하는 병을 앓아왔어. 사람들 속에 섞이는 법도 배우지 못해서 내가 어떤 말을 해야 하는지조차 몰라. 좋아하는 사람이 나를 좋아하게 만드는 법조차 몰라서 도리어 그들을 겁줘서 내 옆에서 멀리 밀어버리지. 표지판이 없는 인생은 나를 그 자리에서 땅을 파고 머리를 넣어 질식하고 싶게 해. 엄마의 산소호흡기를 빼앗은 기분이지만 나는 원래 못된 인간이잖아. 어려운 인간이잖아. 아니다. 너무 쉬워. 내 욕심뿐이지.

무형의 생각이 입 밖으로 나가 누군가의 마음에 박힐 때 잠시 사라지고는 강한 의지로 내 마음에 돌아왔어. 머리를 한 꺼풀씩 뜯어내고 그렇게 민들레씨 날아가듯 불태워져서 한 줌의 재로 날아가고 싶어.

빛나지 못하면 사라지는 게 더 낫지 않을까. 그리고 그건 이를수록 더 좋지 않을까.

2019년 2월 20일

소슬,

간절하던 목소리에 하루의 유쾌함을 잃은 적 있니? 같이 살 맞대고 뜨끈해지면 삭히느라 자주 싸우는 사이지만 우리에겐 둘뿐이라고. 보여주는 길로만 걷는 내가 애틋하다는 사람이었는데 만나기 전부터 정해진 순서를 벗어나면 바로 목이 댕강 잘리는 사람처럼 울고 화해하고, 문제 해결은 전혀 하지 못하고는 늘 빙빙 돌아 숨이 가빠져. 나도 이런데 상대는 또 어떻겠어. 서로가 상대의 목에 걸린 노끈을 손에 동아줄처럼 꼭 쥐고 있어. 내가 죽으면 당신도 죽을까? 당신이 끝을 만나면 나도 곧 끝일까?

그거 하나는 확실해.

"간단한 아르바이트라도 해 봐. 우리 항상 답을 눈앞에 놓고 맴돌고 있는 건 아니?"

"그래서?"

"제발 잊어. 나는 그럼 죽어야 돼."

내가 나약한 걸 당신은 보기 싫다 하셨고 나는 역시 나를 안아줄 사람은 나뿐이구나. 내 온기를 잃는 순간 나는 그대로 차게 식어 가라앉을 거라는 확신이 들었어. 한평생 찾아 헤맸는데, 내가 가는 곳마다 찾았는데. 눈을 뜨고 찾아도 감아도 내 손에 걸리는 건 아무것도 없구나. 겨우 손 끝에 매달아 두었던 따뜻함이 날아가.

내가 신의 가호를 받는 아주 대단한 사람일 거라는 믿음이 아주 오래 있었어. 누군가가 나를 발견해 줄 거라는, 이름을 남기는 게 대단한 목표인 인간으로서의 숙명을 받아들이지 못한 한심한 인간인데 말이야.

사실 나는 질투에 눈이 멀어 내가 누군지 보지 못하고, 내가 꿈꾸는 나를 만들어 왔던 거야. 머릿속으로 그리는 이상적인 사람이 나라는 착각으로 자위하며 하루하루 연명했어. 한심하니? 나는 내가 한심해서 손으로 꾸욱 눌러 없애고 싶어. 마치 나 같은 건 처음부터 없었던 것처럼 내 흔적을 떠서, 버리고 싶어.

잊지 못한다면 나였더라면 죽어야 한다는 말 정말 어떻게 받아들어야 해? 내가 죽고 싶다는데 말이야. 다같이 죽자는 걸까. 사람들은 내가 그런 이상적인 사람은 코웃음치면서 저들이 만든 허상에 나를 끼워맞추는 건 거리낌없었어.

자책으로 시작한 손가락질을 질책으로 바꾸려 억지로 바깥으로 돌리네.

2019년 2월 21일

소슬,

진솔한 우리 관계를 위해 밝힐게. 엄마의 청춘이 헛되이 쓰일까, 마지막 숨이 뱉어지는 순간 나 가진 걸 가장 후회하고 되돌아가 바로잡고 싶을까, 그게 두려워. 그럼 잘하면 되지. 아주 간단한 문제야. 하고, 하지 않는다. 열심히 살거나, 지금 이대로 산다. 뭘 열심히 해야 하니? 대체 무얼 열심히 해야 하니? 아주 오랜 시간 염원했지만 뭘 해야 할지를 모르겠어. 매일 팔랑팔랑 넘어가는 꿈을 꾸는 사람은 그럼 그 자리에 우두커니 서서 도태되어야 하는 거니?

너무 오래 붙어 있어서 권태긴가. 질려. 동시에 나는 나를 잘 몰라. 사람들이 나를 아는 체하는게 싫어서 아는 체하면 우선 아니라고 부인하지만, 그건 의례하는 입버릇일뿐. 좋아하니→싫어해 정도의 입력값일 뿐.

좋아하는 것

하나, 엄마품. 둘, 우리끼리 하는 의미없는 우스갯소리. 셋, 얼굴 마주쳤을 때 터져나오는 웃음. 넷, 계획대로 움직인 하루 끝 따뜻한 샤워와 뻣뻣한 침대 그리고 뽀송한 잠옷. 다섯, 어딘가로 출발하는 버스 탑승. 여섯, 잔잔한 영화. 일곱, 컨버스. 여덟, 적당히 짜고 적당히 매운 음식. 아홉, 벽에 붙인 침대. 열, 베개를 벽에 세우고 그 옆에 딱 달라붙기. 열하나, 거대한 팝콘을 안고 영화관 맨 뒷줄에 앉아 편안히 영화 관람. 열둘, cozy cottage. 열셋, 아침에 붓지 않은 얼굴. 열넷, 일기장과 종이 위에 글 쓸 때의 촉감. 열다섯, 처음부터 끝까지 빼곡히 적힌 다이어리. 열여섯, 설거지가 완벽히 끝난 싱크대. 열일곱, 엄마아빠서준 그리고 할머니. 열여덟, 사랑받는 느낌. 열아홉, 편안한 바지. 스물, 달 별. 스물하나, 새로 산 물건(지우개 뜯을 때 행복). 스물둘, 나무로 만든 가구. 스물셋, 작은 공간에 가득한 책. 스물넷, 옷. 스물다섯, 글 쓰는 것(대신 좋은 글일 것). 스물여섯, 나를 이해하고 공감해주는 사람과의 대화. 스물일곱, 갓 지은 밥과 구운 고기(할머니&엄마 산적). 스물여덟, 엄마 할머니 살결 냄새. 스물아홉, 선물할 때. 서른, 빵 마카롱 케이크 등이 들어가 묵직한 천가방. 서른하나, 모르는 걸 알게 됐을 때. 서른둘, 책 읽는 시간. 서른셋, 옷차림이 마음에 들 때. 서른넷, 노란 불빛. 서른다섯, 침대 머리맡을 밝히는 노란색 수면등. 서른여섯, 사랑 이야기. 서른일곱, 내 덕분이라는 사람들. 서른여덟, 여행. 서른아홉, 정리정돈된 옷장. 마흔, 언어가 통할 때. 마흔하나, 내 취향 노래 발견. 마흔둘, 내가 좋아하는 걸 너도 좋아할 때. 마흔셋, 맛있는 식당/빵집/카페 발견. 마흔넷, 엄마와 함께 방문. 마흔다섯, 엄마와 함께하는 모든 순간. 마흔여섯, 미술관. 마흔일곱, 돗자리 챙겨서 떠나는 즉흥 여행. 마흔여덟, 햇살이 따뜻하고 맑은 하늘 그리고 나무가 가득한 곳. 마흔아홉, 미인. 쉰, 크고 작은 동물들. 쉰하나, 행복한 사람들. 쉰둘, 반지. 쉰셋, 손목을 덮는 상의 혹은 겉옷. 쉰넷, 색색의 양말. 쉰다섯, 버건디 색. 쉰여섯, sudden act of kindness. 쉰일곱, 감사 인사. 쉰여덟, 나무 같은 사람. 쉰아홉, 舞 . 예순, 칭찬. 예순하나, 예전에 쓴 글 훑어보기. 예순둘, 바삭바삭한 수건. 예순셋, 취향인 글 발견하기. 예순넷, 새로운 일이 손에 익는 순간.

2019년 2월 22일

소슬,
허기짐보다 더 강한 알람은 없을 거야. 특별히 뭘 안 먹지 않았는데 갈비뼈가 어제보다 더 두드러진 기분이야. 어디까지나 느낌에 지나지 않겠지만.

무언가를 해야 한다, 결심하면 미루는 못된 버릇이 있는 나는 머리 위에 돌이라도 이고 있는 것처럼 목을 가누기 어려워. 뚝 꺾일 것만 같아.

부지런함을 흉내내보려 빨래, 거실 청소 마지막으로 설거지까지 했어. 영화와 다큐멘터리도 봤어. 며칠 전부터 먹고 싶었던 망향비빔국수에 들러 비빔국수와 만두도 먹었고 말이야.

그런데 버스를 탈 때만 해도 부풀었던 마음이 왜 착 가라앉아 껌처럼 땅바닥에 붙었을까. 작은 일도 중간에 잘라버리고 멋대로 이어붙이는 버릇 때문에 최대한 오래, 끝까지 마무리짓는 습관을 들이고 있어. 어디로 가야할지 모르겠다고 몇 년째 중얼거리는 중이야. 하지만 지금 내 꼴이 모든 걸 잃고 신의 이름을 울부짖는 남자와 다를 게 뭐야. 신이 내리는 동아줄들은 모두 거절한 채 오로지 신의 직접적인 개입만을 기다리는 그 머저리와 다를 게 뭐냔 말이야. 지금이, 뭐라도, 엄마가 주는 게 뭐가 됐든 우선 해 보는 게, 매달려 보는 게 답일 수도 있어. 내가 기도하던 바로 그 원조일 수 있어.

2019년 3월 13일

소슬,
식당에 앉아 음식을 기다리다 별 생각없이 따른 물이 미지근한 보리차라는 사실이 기뻐 읽던 책을 옆으로 치우고 펜을 들어. 보리차를 끓여 마신 집에서 크지도 않았으면서, 특별한 기억도 없으면서 왜 밖에서 조우하면 큰 섬세함으로 다가올까.

우리 할머니는 보리차를 안 끓… 아, 아니다. 냉장고에 가끔 끓인 물이 있었어.

어제는 서준이를 공항에서 배웅했어. 오늘 옅은 오후에 잘 도착했다고 연락이 왔지. 사실 잘 도착했다는 것보다 벅스에서는 노래를 못 듣냐는 얘기가 목적이었지만.

마음을, 얼굴을 껌 긁어내는 스크래퍼로 긁어내고 싶어. 패배주위에 젖어 있는데 굳이 물 밖 모래사장으로 나와 볕에 몸을 맡기고 싶지 않아. 귀찮다는 말은 이제 조금 자제하기로 했으니까. 이 물에 이미 몸이 식어 버렸어. 물 밖으로 손 뻗어보지도 않고 그저 가라앉을 준비만 하는 건, 그래서 괜히 볼만 빵빵히 부풀리는, 가라앉기 싫어 최소의 발악을 치는 한심한 인간. 시야에 튜브가 던져지면 그걸 낚아채려 물장구는 칠까. 소슬, 나는 모르겠다는 말을 무기로, 갑옷으로 스스로를 무디게 뭉툭하게 만들어. 그 어떤 것과 부딪혀도 끄떡없을 것처럼 스스로를 무딘 사람으로 만들어. 그런데 말이야. 나는 원래 이런 사람이 아니었거든. 꽤나 영민했거든. 英敏했다구. 英敏.

발버둥치지 않으면 나는 내가 제일 사랑하는 사람까지 물 밑으로 끌어내리고 말거야. 그는 나를 꺼내보겠다고 선뜻 내 밑으로 들어가 부레옥잠 역할을 해줄 사람이거든. 내 엄마, 친구, 달, 아킬레스건, 부레옥잠, 나를 동경하는 사람 등등 맡은 역이 너무나 많아. 내가 그 사람 올 때 잠시나마 견딜 수 있으려면 나도 같이 발버둥쳐야 해. 가라앉지 마.

2019년 4월 7일

대합실. 공기 중에서 포도 과즙이 어렴풋이 느껴진다. 그 특유의 단내와 축축함인 것 같기도 또 터미널 대합실 의자 맞은편에 위치한 고구마빵 가게에서 새어나오는, 흘러나오는 게 더 옳은 표현이겠다, 묵직한 고구마 냄새 같기도. 어쩌면 엊저녁 마신 한 모금의 물이 덜어진 500ml가 마지막 수분 섭취라 나도 모르게 공기 중의 물을 찾고 있는 건지도.
목마르다.

2019년 5월 3일

오분 거리 달음박질했다고 연신 닦아낸 얼굴과 촘촘히 짜여진 구멍 사이로 맨살을 훑는 초여름 바람.

소슬,

이제 겨우 두 번째 주야. 지난주는 그럭저럭 버틸만했는데 아, 이번 주는 수요일에 무너져 내려 무릎이라도 땅에 쾅쾅 박았으면 좋겠더라. 무릎을 다치거나 발목을 삐끗하거나. 어제부터 〈위저드 베이커리〉를 읽기 시작했어. 나는 어렸을 때 생각보다 더 거름망이 없었던 모양이야. 친아버지와 친어머니의 이혼, 버려짐, 보상 심리로 한 결혼의 실패를 죄없는 어린 양에게서 찾으려는 새어머니. 마지막으로 스스로 말을 앗아가버린 뒤 자신을 위한 표현법으로는 문자밖에 남기지 않은 소년.

글을 읽으며 말랑거리는 머리는 어느새 돌아오고, 부대끼는 속은 가렸는데 몇 번이고 그 세계의 문을 거칠게 두들기며 꺼내달라고 소리치고 싶었어. 도망치는 게 이제 이골이 나겠지 생각했는데 이골은커녕 습관이 되었네. 눈 감으면 현실이 아닌 것 같나 봐. 머저리도 이런 머저리가 없다. 그렇지 않니?

2019년 5월 29일

소슬,

목구멍에 칼 하나를 집어 넣었어.

흔들리는 몸을 따라 이리저리 설치는 칼에 생채기가 남기 일쑤지만 이미 삼킨 것을 도로 뱉어낼 방도가 없잖아. 실은 빼면 더 깊이 베일 걸 아니까 하염없이 눈물만 뚝뚝 흘리면서도 스스로의 동작을 더 작게, 작게, 또 작게 줄일 뿐.

2019년 6월 8일

소슬,

허블망원경이라는 13.2m의 우주망원경이 있대. 별을 관찰하기 위해 별에 초점을 맞추고 행성을 관찰하기 위해 행성에 초점을 맞추는 말 그대로 우주에 있는 천체 관찰용 망원경이지. 1993년 로버트 윌리엄이라는 천문학자가 총책임자가 되면서 '빈 공간'을 봤대. 수조 원에 달하는, 전 세계 천문학자들이 앞다퉈 사용하고 싶어하는, 결과를 내지 않으면 언론에서 질타 받을 바로 그 망원경으로 말이야. 1995년 바늘구멍만 한 면적에 초점을 맞추고 본 검은 빈 공간은 무려 3천 개의 은하로 이루어져 있더래. 순간 세상살이도 크게 다르지 않다고 느꼈어. 찰나였지만, 아무것도 없다고 이야기한 나의 빈 공간은 실은 그저 내가 깨닫지 못한 은하들로 가득차 있을 수 있을 거라고. 발견되지 못한 은하와 별들이 빼곡한 빈 공간일 거라고.

틀림없이 존재한다. 나.

소슬,

이미 놓쳐버린 기회들과 앞으로 꾸준히 놓칠 기회들. 이미 놓쳐서 잡을 생각조차 하지 않고 참담함에 차곡차곡 나를 집어넣어. 놓친 게 너무 많아서, 가지지 않은 게 너무 많아 어디로도 감히 가지를 뻗을 생각을 못 하고 있어. 그러면 그 중간에서 나를 갈기갈기 찢어버리고 싶어. 안에서 끓는 것들을 그 어디로 꺼내지 못하니 나는 그저 자멸할 밖에.

글을 잘 썼으면 좋겠어. 내가 가진 생각들이 더 이상 나에게만 머물지 않고 나를 떠나 다른 사람들에게도 닿았으면 좋겠어. 평이한 표현들이 아닌 오직 나만의 감정들이길 바라.

2019년 6월 23일

소슬,

간밤에 얼굴을 씻으러 들어간 화장실에서 흰머리 두 가닥을 뽑았어.

뿌리만 하얗지 않으면 걔는 뒤도 된다는데 어제 발견한 애들은 모근부터 대략 1/3 정도가 하얗더라. 새삼 나 스트레스 받고 있나 자문했는데 우스워서 그냥 웃었어. 아니, 그렇잖아. 우리 부모님은 내가 제일 속 편할 거라시는데 나는 잘 모르겠거든. 실은 잘 알고 있어. 그 말씀하시는 심리가 뭔지. 그 의중이 뭔지 잘 알아. 매일을 일하는 사람에게 업혀 도무지 내려갈 줄 모르는 건 내 잘못이 맞잖아. 그들의 피와 고름으로 짠 성배를 들이키는 것에 그 어떠한 주저함도 없는 내 탓이지. 이제 돌멩이나 물방울로 태어났으면 하고 바라는 건 소용없는 짓이라는 걸 깨달을 때도 됐잖아. 사후 세계가 실존하는지 환생 제도가 실제로 도입되어 있는지도 불확실한 상태에서 진짜 네 몸을 지나가는 다리 아래로 던져버릴 수 있겠니, 네가? 죽어서야 혹시나 하고 꿈꿔볼 수 있는 희망이라…. 우습네.

2019년 6월 25일

소슬,

다들 오늘을 살아야 해서 일자리를 구하고 친구를 찾고 둥지를 트는데 나만 내일의 해를 마음에 품고 해답없는 두려움의 실뭉치만 꾹꾹 누르고 있는 건가 봐. 엄마 곁에 없을 때 오는 전화에 당장 탈출구를 찾는 습관이 생겼어. 아무 생각 없는 백수라 그래. 내 길이 뚜렷이 보인다면 나를 죽어라 쫓아 오지는 않을걸.

.

이렇게 또 서글프다.

꿈에 사람이 나오면 서글픈 마음이 가시지 않는다.

나는 꿈에 등장한 이름 모를 그 사람을 만날 일이 없고 그 역시 현실에서 나와 스칠 옷깃이 아주 없다. 왜 그를 꿈에서 만나는가 궁금해 잠시 생각해 보자면 그건 아마 내가 그를 자주 생각해 꿈으로 밀어넣은 게 아닌가 싶다. 전적으로 나의 탓이고, 나의 잘못이지.

어떠한 장면으로 그를 끌여들였는가. 단 한 장면도 떠올리지 못하면서 이 서늘한 감정은 왜 건져지지도 않는가.

2019년 6월 30일

소슬,

동생 번호로 전화가 왔어. 받자마자 들리는 엄마 목소리에 엄마 전화는 받지 않으니 돌려서 전화했다는 걸 알아차렸지만 거기서 끊어버리면 매몰차잖아. 마음이 계속 따끔따끔. 부러 다른 이야기를 주제로 끌어들이는 데도 따끔따끔.

나를 만들었다는 말에 나도 책임이 있는 걸까? 한평생 나만 보고 살았다는 사람에게 실은 엄마를, 아빠를 그리고 어제와 같은 듯 다른 오늘을 사는데 크게 환멸을 느끼지 않는 사람들을 동경하기만 하는 물렁이라고 미리 밝히지 않은 나의 잘못일까?

발밑으로 천이 둥둥 떠 있어. 떠오른 영상을 그림으로 그리면 겨우 천 조각에 지나지 않지만 마음 속에서는 울렁거려. 내가 계속 가라앉고 있는 한 나는 그 음성에 눈물짓지 않는 걸 그만두지 못할 거야. 손가락 하나 넣어 휘젓는 꼴밖에 못 되지 않을까. 한심하다, 는 너무 식상하지만 이것보다 더 정확한 표현이 있어?

모든 걸 시작하는 것도 끝내는 것도 나는 그저 두렵기만 해. 두려움이 눈을 가리면 나는 아무런 반항 없이 어둠 속으로 따라들어가. 역시 한심하지?

2019년 7월 3일

소슬,

사람들에게서 좋은 걸 찾아내는 건 어쩌면 나는 나에게서 없는 것들을 그들에게서 수집하는지도 모르겠어. 사람들 그러니까 길가의 사람들은 그렇게 잠시 스치는 걸로 내 온갖 부러움을 저들에게 묻혔다는 걸 모를 거야. 알 수도 있을까?

글을 써서 올려보라고 하지만 짧은 글에서도 제 발에 걸려 땅을 구르던 사람이 긴 글에서는 호흡하는 법조차 잊을 테지. 내 괴로운 상처들만 들여다보는 사람이 다른 이의 마음까지 헤아려 줄 글을 과연 쓸 수 있겠니. 요즘 나는 행동에 묻어나오는 담백한 묘사에 마음을 빼앗겼어.

2019년 7월 4일

소슬,

엄마를 참 오랜만에 봐. 아니, 봤어. 어제 저녁에 버스 타고 아파트 단지 안의 오르막길을 오르는데 엄마를 못 보면 문득 엄마와 영영 멀어진 내가 어떻게 될지 상상이 시작됐어. 수면 위로 떠오른 불안감은 늘 그렇듯 내가 눈물을 먹이로 던져주지 않으면 떠나지 않고 언제고 떠 있으니 기어이 그 앞으로 기어가 눈물 몇 방울 흘려보냈어.

그런 엄마를 오래만에 보니 좋더라.

여전히 엄마는 내 방향에 대한 걱정과 본인이 무얼 더 해줄 수 없는 현실(혹 미래)에 대한 불안감에 나보고 너는 뭘 하고 싶냐 묻는데 차마 죽고 싶다고 말하지 못했어.

나는 결코 빛나지 못할 것 같은데, 자꾸 네 안의 빛이 무슨 색이냐 물으면 어떡해.

아무런 색이면 뭐 어떠냐고 내가 이런저런 실패를 해도 밑에 든든하게 받쳐줄 밑받침이 필요한 건가. 나는 나를 몰라. 이어폰을 귀에 꽂고 아무 노래를 틀어 다른 사람의 삶이 흘러들어와 나를 어지럽히게 돼. 혼란스럽지? 생각하지 말자. 이대로 가라앉자. 가라앉아 더는 가라앉을 곳도 없다면 그때는 쥐 죽은 듯 죽을 날 받아놓은 뒷칸방 노인네처럼 기다리자. 죽어버리면 끝날 고통인데 왜 아등바등 살아야 하나.

2019년 7월 10일

소슬,

나는 어떤 사람일까. 여태 내가 보낸 편지들에는 어떤 마음이 담겼을까. 감히 내 품을 열어줬다 믿었어. 그래서 보듬어줬던 거라고 감히 그렇게 생각했는데. 축축하고 이끼가 잔뜩 끼어 발 한번 마음놓고 내려놓을 수 없는 곳에서 누굴 쉬게 하겠다는 건지. 햇빛 한 점 들지 않는 곳에서 말이야. 욕심도 지나치지. 현실을 이렇게 마주하네.

다정함에도 면역력이 없지만 상대의 빛에 속절없이 무너지는 건 예나 지금이나 똑같아. 눈이 층층이 쌓여 허벅지까지 푹 꺼지는 곳에서 소리를 치면 속절없이 밀려오는 눈사태를 물끄러미 바라보고 있는 거지. 나는 그렇게 빛 앞에 묻혔어. 겨우 한 통 읽었는데, 이제 겨우 한 통 읽었는데 벌써 마음이 화해지니 그대로 편지를 접어넣을 수밖에. 내 상흔이 훤히 보일까 두려워 바들바들 떨고 말았지.

다정한 사람. 아주 오래 기억될 시간을 선물해줘서 고마워요.

2019년 7월 20일

소슬,

나는 이 마음을 묘사할 수 없을 거야. 이건 나의 마음이고 내가 감당해야 할 나의 몫이지만 나는 이것의 출처를 알 수 없고 원산지 표기가 되어 있지 않다면 뭐든 먹지 않아.

내 얼굴을 쓰다듬는 것보다 동생의 얼굴을 눈으로 어루만지는 게 더 익숙하니, 어릴 적 내 얼굴이든 지금 검은 화면에 가득 들어찬 얼굴이든 늘 낯설어. 가장 가까이 있는 건 이 얼굴일 텐데도.

거울로 쓰다듬은 건 오히려 타인의 얼굴이었으니. 나는 이때도 스스로를 증오하며 조각으로 긁어내겠지.

세상 제일 쓸모없는 건 다름아닌 나를 담는 것들. 아무도 나를 대신해 죽어줄 수 없으니 조금 더 열심히 살아야겠다는, 어느 글로 먹고 사는 이의 말을 가슴에 새기면서도 누군가 나를 대신해 죽어줬으면 하는 마음을 은밀히 품고 있어. 나를 대신해 죽어줄 수 없으면 나를 대신해 죽여줬으면 좋겠어.

2019년 7월 24일

소슬,

꿈에 나올 때부터 관계에 더는 목매지 않겠다 결심했던 게 무색할 만큼 쓸려가더라. 내가 주체인 무의식에서조차 두호를 만나려면 사정할 수밖에 없는 위치라는 게, 오랫동안 외면하려던 현실에 불이 깜빡 들어오니 정신을 차릴 수 없어 끝내 토끼굴에 빠지듯 울었어. 눈뜨니 나를 반긴 건 축축한 아침 햇살이었어.

나 혼자만의 관계에 상대를 걸쳐둔 느낌. 우리 함께 잡고 있는 끈이었는데 실은 그 끝에 나밖에 없던 밤낮. 깨달은 시간이 무어 문제니. 나는 어차피 쟤네와 더 멀리 갈 수 없어. 되돌아갈 수도 없구. 이제 손 놓으면 돼. 추억하며 회상할 자리도 함께 만들어갈 미래도 없는 사이를 어떻게 끌고 가겠니. 이제 그냥 지친다.

2019년 8월 5일

소슬,

물렁한 혀끝으로 아랫니 밑, 숨겨진 속살 위에 새겨진 순간을 쓰다듬어. 아, 혀를 목구멍에 수납하고 싶다. 틈새로 겨우 들어오는 물줄기에 밀려 잠겼으면 좋겠어. 마취와 통증 사이 의식이 나를 그대로 불구로 만들면 어디로 밀려날 수 있을까 궁금해.

생리가 터져서 척추를 생선 가시 바르듯 뽑아내고 싶어. 하고 싶은 게 참 많기도 하지. 끝내 꽃 피우는 건 아무것도 없을 거야. 씨앗을 뿌리지도 않았으니. 모든 씨앗은 손 안에서 썩겠지.

샤워기 아래 서 있을 때 각양각색 문장이 떠올라. 같은 이유로 그 아래이기 때문에 머리카락 끝으로 미끄러지는 걸 잡을 길이 없어. 몇백 번을 속으로 외쳐본다 한들 수건을 손에 쥐는 순간 눈앞에서 문장들이 터져버릴 걸 익히 알고 있어. 결과를 예측할 수 있으면 승복할 도리밖에 없다.

실체 없는 감정과 싸울 때 공격도 방어도 소용 없으면 애초부터 링 위에 오르지 않으면 될 일이 아닌가. 마치 지금 내가 죽음으로 도망치듯 타인의 감정과 감정, 시선으로 마비시키듯이 본인의 척추를 내 입에 꽂아넣어 흐물어져 가는 동안에도 자식만큼은 반듯이 키웠더니 그 자식이 실은 근본부터 그른, 아주 틀린 선택이었더라면 너는 무너지지 않을 자신이 있니?

내 감정을 속이면서 그들에게는 감내하는 모습을 보이고 있어. 문지른 자리 위에 벌써 먹칠을 할 수는 없잖니. 나는 침잠보다 이대로 죽어 이 사슬을 끊어내고 싶어.

어느 하나 만족시킬 수 없는데 내가 채워넣어 주고 싶은 빈방은 어쩜 눈에 쫠싹 박히는지. 빛나는 사람이 아니더라도 나는 낮은 심연을 찾아 떨어지고 있어. 엄마를 품에 안아 어르고 싶고 아빠에게 한없이 눌려지더라도 둥근 마음만 보이고 싶은 건 우리 사이 점이 하나둘 늘어나기만

해서야.

생리만 하면 할머니가 보고 싶은 건 과거를 좀처럼 지우지 못하는 내 심장에서 결코 떨쳐내지 못할 걸 알아서. 내 실수는 영원히 나와 함께하고, 우리는 웃으며 함께 떨어지겠지. 나와 같이 추락하는 나의 과오. 얼룩진 몸을 드러내기 싫으니 나는 추락을 멈추지 않을 테야. 나의 사인은 영원한 기억.

2019년 8월 14일

소슬,

돌아올 길이 없을 때마저 직진을 고수하는 게 습관 같아. 동생을 사랑한다 마음 쓸 때 이게 다시 돌아오지 못할 마음이라는 생각을 단 한순간도 한 적 없어. 나는 습관일지언정 그 아이를 위해 내가 죽을 수도 있다 하늘에 빈 적도 있는데 그런 마음이 보통 답례를 바라고 주는 마음일까. 어떠한 모습이라도 과감히 품겠다 약속하면 도로 나를 향하지 않는 마음도 내가 품어보겠다 약속한 모양이 되는 걸까. 그런 걸까, 소슬?

사랑이 늘 고파 불빛 아른거리는 곳만 맴돌고 있는 모양이 한심해 눈물 나. 강한 건 뭐고 여린 건 뭘까. 더는 이런 한숨을 자아내는 생활을 살지 않겠다 약속하라 했는데, 그 말을 마음으로는 품었어도 감히 그 절실한 진심 앞에 말로 뱉어낼 수는 없더라.

사랑사랑사랑. 베짱이처럼 사랑 타령만 하며 이런 모습이 발견되길 바라는 꼬락서니라니. 참혹하다. 굳이 다른 말로 바꾸어 말하지 않을게. 고목나무를 꼭 붙든 매미처럼 겨우 붙들고 있다는 일에 큰 의의를 둔 채 절단된 사지를 달랑거리고 있네.

후회를 구가할 시간은 이미 충분했던지, 이제 이것마저 지겨워.

자기연민이라니. 타인을 연민하는 것도 결국 지겨워하는 인간들 속에 어찌 자기연민으로 오늘도 내일도 살아가려 했을까.

이제 정말 죽음이 코앞에 다가온 걸까.

타인의 입에서 듣는 최종판결이라니. 너와 나 사이 다리가 이미 끊겼었다니.

2019년 8월 21일

소슬,

생일은 항상 실망스러워. 위 아래 중간, 뭐 그런 것들이 정확히 없음에도 실망스러움은 자연스레 새어나와. 나 자신조차 스스로의 요구사항을 알지 못하는데 상대방이 추상적인 나의 요구를 단번에 맞출 수 있을리가 없지. 해적 룰렛도 아니고 연신 여긴가 의아함만 잔뜩 묻은 손으로 찔러넣어서 얻어 걸리면 상대도 나도 모두 지치는 게임이잖아. 아니, 나는 그런 허접한 게임일 수도 있겠다. 답이 어디 있는지 문제 출제자도 알지 못하지만 둥둥 떠다니다 목과 허리 사이 어디를 찔리면 그제서야 이게 나를 울적하게 만든 바로 그 녀석이라고 외치겠지. 한심하다는 말도 이제 지겨워 새로운 단어를 찾아야 해.

편지편지 하도 노래를 불러 엄마가 손수 다른 둘에게 편지를 쓰라 명령했대. 제일 처음 읽은 아빠 편지가 제일 슬펐어. 그가 포기하는 삶을 누리고 있어서. 그의 삶 위에 덧댄 게 내 즐거움이라니. 나의 유흥은 그를 억압하며 얻어지지. 발끝, 손끝으로 서서 내가 당신을 이렇게 위한다고 생색내면서도 그마저 그 위에 그늘 지게 하는 걸 알고 있지. 내가 부들거린다 하여 그가 받는 고통이 조금이라도 줄어들까.

나를 동정하게 만들고 싶은 건가. 몇 년 전 중국에서 내가 그랬듯 모든 걸 뒤로 미루고, 아니야. 지금과 그때는 달라. 북경에서는 자의로 나를 말려 마비시켰더라면 이곳에서는 모든 걸 내려놓은 채 시들고 있어. 그래, 그를 위한답시고 나를 말리는 일 따위 이제 언제 그랬냐는 듯 전혀 기억나지 않아. 기억이 모두 휘발되고 있어. 내가 즐겁게 산대. 엄마가 지금 즐겁냐 물을 때 나는 왜 이 허락을 즐기지 못할까.

2019년 9월 4일 태풍 링링

소슬,

구월이 왔어. 오고야 말았어. 내가 딴짓을 해서 멈출 수 있는 시간이었더라면, 내가 잠깐 타임! 일시정지! 외친다해서 들을 시간이었더라면 나는 기꺼이 내 몫을 내려놓고 내가 탐할 것들, 탐한다한들 가질 수 없는 것들을 향한 그릇된 욕망을 내려놓고 속절없이 흐르는 물살에 몸을 맡기겠어. 죽음이 실재하지 않아 두렵지 않은 게 아니야. 실감하지 않는다고? 사소한 일 앞에서도 촛불 흔들리듯 뚝딱거릴 수 있어. 살아 있는 게 감사할 일인지 모르겠어. 순간 공식처럼 '살아있는 모든 순간에 감사함을 돌려야 한다'고 적을 뻔했어. 감사함을 느끼는 것, 익사하는 대신 위로 수영해 올라가 숨구멍을 뚫어주는 것. 둘 중 어느 쪽도 내가 하고 싶은 일은 아니야. 내가 못 하는 사람구실은 도대체 어떤 걸까? 남의 살을 빌려 오늘의 숨을 이어가는 거라면 그래. 나는 내 몫을 하고 있지. 나를 잡아먹은 뒤 나에게 닿은 이들까지 삼켜버리는 크고 붉은 것들. 당장 쥐어뜯어 한번 보라고 하고 싶은 이야기들이 많은데 그럼 손 안 여린 살 위로 지나가는 힘줄이 얇게 베일까 나는 금세 연필을 놓아버리겠지. 잠시 상상하는 것조차 두려운 일이라 오늘은 분노 이야기를 여기까지만 할게.

2019년 9월 13일

소슬,

귓바퀴에 약지를 넣었다 꺼냈을 때 감긴 열감이 이마 정중앙까지 미지근하게 퍼져. 주변 사람들에게 입버릇처럼 난 싫어하는 게 많은 사람이라 말하지만 정작 뭘 그리 싫어하냐 물으면 입 밖으로 꺼낼 대상이 없어. 당장 떠오르는 건 생일날 받은 케이크.

2019년 11월 2일

꿈.

이런 걸 보면 사랑받는 사람의 삶이란 얼마나 가볍고 산뜻한가.

2019년 11월 3일

테러방지팀 꿈.

이리저리 뛰어다니는데 사람들 살리기는 힘들고 스파이라고 자꾸 누명 쓰고. 이러고도 사람들을 살려야 해?

버스에서 잠복근무할 때 문득 뒤를 돌아 이 몸 던지고. 사탕 하나씩 입에 나눠 물고 저녁식사로 뭘 먹을지 고민하는 한 가정의 일상을 지키면 그래도 잘 산 거겠지.

지정된 장소에서는 몸에 심어진 폭탄이 터지지 않는다. 허겁지겁 문을 열고 들어가 사람들을 쳐다보니 이제 더 위험한 일을 훨씬 더 짧은 시간 안에 맡겨도 안심이라며 히죽 웃는다. 죽여버릴까.

2019년 11월 14일

모두가 힘들고 버거운 하루를 보낼 때 그 속에서 내 이야기 역시 다른 사람들만큼 잿빛의 우중충한 빛을 띠겠지만 내 이야기는 더 큰 비극 앞에 홀연히 색을 잃어버리는 것 같아. 갓난아기 칭얼거리듯 이유없는 흐느낌처럼 받아들여져 무턱대고 안아달라 부탁할 수도 없고 기댈 수도 없고.

모순이지만 되게 그렇네.

2019년 11월 22일

내가 불신스럽고 원망스러워?

남들은 어리다고 생각하는 지금에서 열몇 살이 빠진 때부터 늘 과거로 돌아가 인생의 주춧돌을 다시 세우고 싶었어. 내가 한 선택들이 지금의 나를 만든다면 처음부터 제대로 고르겠다 다짐했는데 단 한 번도 그런 기회는 주어지지 않더라.

2019년 11월 23일

저를 저주인형 따위로 쓰고 계신다 머릿속으로 몇 번이나 적었어요. 당신 다리 사이에 앉아 꼬리빗으로 머리칼을 빗기는 손길을 받아내며 어느 날은 날 때부터 받은 무조건적인 사랑을, 어느 날은 입을 촉새 같이 놀린 대가로 일으킨 분란에 대한 분풀이를 느꼈습니다. 제 생각은 자주 마감에 쫓기는 작가처럼 글을 적어내려갔고, 저는 그걸 카메라 앞 아나운서에게 주어지는 큐시트처럼 읽었어요. 인생의 전부였던 아이가 던진 근본없는 말 때문에 당신은 자주, 동등한 관계임에도, 연장자인 남편에게 혼나셨습니다.

2019년 12월 27일

붙박이장 밑, 초등학생 때부터 써온 서랍 가장 안쪽 어딘가에 등과 머리를 찰싹 붙이고 적막함에 몸을 태우고 싶다. 누구나 볼 수 있는 공간이자 섣불리 닿고 싶지 않은 곳에 의탁하여 그 어둠에 친히 스스로를 적시고 스며들고 싶다.

누군가에게 민낯을 보이는 것만큼 당당함을 요구하는 일이 어디 있으랴. 그는 내 얼굴을 보고 한참을 말없이 서 있다 이내 손을 들어 살랑살랑 쓰다듬으며 울었다. 너의 성공보다 너의 행복을 바란다며 우는 이를 나는 도로 안아주며 내 행복은 너무 작은 바구니라 채우는 것도 다시 비우는 것도 간편하다고. 그건 영원히 돌아오는 형벌이라 그대는 지금 선의의 저주를 내리꽂으셨다는 건 도로 삼켰지만 그대 귀에 들어가 버린 마음이었을까.

2020년 06월 22일

실은 23일 새벽에 적는 일기지만 아무렴 어떠랴 쉬이 펜을 들면 못생긴 글씨에
연필이 되면 나을까, 유독히 섬세한 아침 필요 따라 어려울까 연필을 꺼내 아주 연하게
깎았는데 이건 뭐 적혀가 똑같으니 비교할게 없네.

글씨가 못생기면 왜 안될까 오혀 마음이 우려감가. 글에 아침도 적듯 물음과 울음
하간다. 사랑받고 싶은 욕구가 강해지면서 하루에도 수십수백번 가슴을 어루만진다.
무관심과 찢고 나와야 된다는 압박께 종이 슬쩍 샌다. 내공간을 마치...

_____

2020년 07월 02일

일기를 부지런히 적어야 한다는 강박이 있어. 애초부터 부지런한 사람이
아닌걸 더 오르지, 나는. 손에 연필을 쥐는 호흡까지 신경에 거북
느낌을 든다. 언젠가 적어야지 결심한 말에다 연필의 흑심이 종이 위에
사각 저리 부서지는걸 즐거하는데 그별 하물은 늘 형편없이 모두 불태워
그래, 엄마를 만난 이야기를 적을 계획이2다. 대략 5월에 자주 꺼내
시작한 기록은 이미 흐릿한 잔상 외에 남아 있지야만.

엄마는 늘 그렇듯이 뭔들 시작고 싶어했다. 내년이면 일을 시작할테니,
좋은 수들을 미리 한 방식 구비하는게

2020-07-14

어도단 : 말할 길이 끊어진다는 뜻으로, 어이가 없어서 말하려 해도
말할 수 없음을 이르는 말

어쩐삽 : 혀가 잘 돌아가지 아니하거나 타석이 똑똑하지 못하여
말을 잘하지 못하는 증상

2020-07-19

들자어 _사외도의 지금해서 관리가 혹지않은 일구요
서로간 이하나 의도와 엉뚱한 결리로 어눌 증하게꺼 축퇴된다.
____ ____
지금하다고 격씨씨앗 볼들한 리오네 초증 더 맞는 표현일까.
불힌 215도 시작한 SNS에서 스스로의 저조한 행복감 간과한
결과가 아닐까.

2020-07-20 —

엄마,

나 땜아도 엄마 자식이 나라서 행복했다고, 엄마 딸들이 나라고 했잖아.
기해! 그 말들이 나한테 혀주를 들던 말이 아야말아. 후 여편에
했었던 말이고 나는 그게 너 원응력이 었어. 엄마를 리해가 시간은
_하는 시간특, 그래서 엉어가 무너져 어떤 말할에 서러는
결거 같는 못 베개께 안는 사람들 앞서서 성행하는 내 별
_는 게 하나의 황망이언던 엄마, 나는 내가 이상해
내가 김게되어 사람들 보낼는 대각 _ 나의 끝니면 그럼에

2020

2020년 5월 27일

소슬,

방금 펜을 잡으면서 오늘을 어떻게 기록해야 할지 고민했는데 정말 어처구니없는 실수를 저지르는 바람에 적을거리가 생겼네. 적자니 별일 아닌 것에 괜히 열을 올린 기분이야. 아. 씨발. 순간 얼이 빠져서 정신머리도 스르륵 빠졌는지 세탁기 앞에서 욕이 새어나왔어. 곧장 고개를 돌려 안방 문이 열렸는지 확인했는데 열렸더라. 진짜 씨발. 옛말에 어른들 조언 들어서 잘못된 것 없다고(물론 '사람'인데 몇 개는 틀리겠지) 엄마가 욕을 그만해야 한다고 했을 때 들을걸. 이제서야 후회한들 무엇 하겠냐만. 세탁기에 흘러 들어간 귀한 드라이클리닝용 옷들이 다 쪼그라들었을지 모르는 상황에서조차 다른 사람에게 밑바닥을 보였을까 두려워 벌벌 떠는 꼴이 한심하기 그지없네. 옷들은 어땠냐고? 아주 못 입을 상태는 아니었어. 하늘이 도왔지. 아니다. 언니 귀에 여지없이 내 욕이 꽂혔을 테니 하늘이 내린 도움의 순서가 잘못되었어.

2020년 6월 12일

소슬,

며칠 전 이러나저러나 망한 인생 발악이라도 하고 망하자는 생각이 들었어. 그래, 나를 늘 굴리는 바로 그 생각.

처절하게 살 자신은 없고. 그래서 그런 엄마 아빠 심지어 동생의 눈까지 오른팔로 밀어내면서 말이야. 밀어내면 결국 내가 가라앉을 때 건져 낼 수 있는 이들도 함께 사라질 테지.

2020년 6월 13일

그래서 전화를 걸고 목소리가 내 귓가에 흘러들어오길 바랐다. 내가 우울에 잠길 수는 있어도(또 그런 상황은 언제까지고 나의 일이니 감당할 수 있지만 타인의 슬픔은 만지는 것이 최선이니) 그들만큼은 선베드 위에 누워 송골송골 땀 흘리며 그늘이 지는 파라솔을 조정하는 게 최고의 걱정거리이길 바랐는데.

엄마는 갱년기라고 했다.

"우리 딸. 엄마는 세상에서 니가 제일 좋아. 나에게 가장 많이 기쁨을 주고 행복을 주고 신에게 감사하게 만든 사람. 나에게도 신이 있다는 걸 너로 인해 알게 되었어. 딸, 널 응원합니다."

당신의 모든 불행에 내 이름을 새겨, 그들이 흘린 피가 당신 발목까지 차면 나는 나를 부를게. 나를 내어줄게. 그리고 그게 지금이야.

2020년 6월 16일

아이의 칭얼거림과 다정하지만 지난 밤들의 피로에 젖은 목소리에 눈을 뜬다. 그러니까 하루 세 번 정도 반복되는 소리. 매일이 어제와 같다. 속을 모르겠는 건 나 정도? 아니다. 언니의 말들도, 단이의 눈에 담기는 나도, 내가 볼 잡고 예쁘다 어루만지는 단이도 그 속을 도통 모르겠다. 오리무중. 알 길이 없는 게 자연스러운 일인데 수긍하는 건 퍽 어렵다. 어제는 전부 읽혀서 내심 지겨움을 토로하고 싶었는데, 등 돌린 오늘은 말이야. 어쩐 일인지 당신과 눈 마주치는 것조차 우리의 음성이 한데 어우러져 뒤섞이며 부서지는 찰나조차 질식할 만큼 두려워.

엄마, 나는 생각이 많아. 죽 그은 성의없는 선들은 주렁주렁. 어쩜 모두 엄마아빠 그리고 서준이를 담고 있는지 무게가 나가서 손목이 시큰해. 집 안에 있어도 내가 밀고 거울이든 창문이든 전부 깨버리고 싶은 충동에 목이 막히다가 내 눈깔 뽑아버리면 어느 곳에서도 담길 일 없는 자신을 반길 수 있지 않을까 상상해. 나만 모르면 되는 거잖아. 밖에서는 충동이 더 심하니까. 늑대의 발톱을 몸통 깊숙이 새기고 싶어. 너덜거리는 흉으로 모난 것들을 좀 빼내게.

책상 앞에 앉아 조금 끄적이는 거 꽤 힘든 일이다. 엄마, 나는 애한테 엄마 이름을 붙여줄까 봐. 입 다물고 죽으려고 했는데 그게 잘 안 되네. 미안해. 지금 당장, 가장 많이 줄 수 있는 게 고작 '미안'이라 미안해.

2020년 7월 20일

엄마,

엄마 자식이 나라서 행복했다고, 엄마 보물이 나라고 했잖아. 기억해? 내가 하루이틀 듣던 말이 아니잖아. 혹시 예전부터 해왔던 건 알아? 나는 그게 내 원동력이었어. 엄마를 괴롭히는 사람들, 시기하는 사람들. 그래서 엄마가 어린 딸한테 전화를 걸지 않고는 못 배기게 만든 사람들 앞에서 성공하는 내 모습을 보이는 게 하나의 훈장이었어. 엄마, 나는 내가 이상해. 내가 길거리의 사람들보다 낫다는 생각을 하며 길을 걸어. 그런데 그들은 모두 길이 뚜렷한 데 비해 내 길은 무너지고 있어. 있는 척 과시해. 실은 두손 양주머니 모두 텅텅 비었는데, 나도 그거 아는데. 그래서 잘난 사람들을 가까이서 두고 보는 게 취미면서 다가갈 생각은 언감생심. 내가 구질구질하다고 했잖아. 이거 얘기하면 또 그걸 못 잊고 여태 쌓아뒀냐고 다시 콕 찌르겠지만 그게 그때는 너무 아팠다. 그런데 특기인 곱씹기를 살려 '구질구질한 나'를 잘근잘근 씹을수록 엄마 말이 옳은 거야. 나는 속 빈 강정이면서 허울 좋은 말들만 주워담아 삼키지도 못할 걸 입안에 우선 넣어 침 범벅인 이론들을 자랑해. 그래서 구질구질한 거야.

전에 성형외과에 데리고 갔던 거 기억해? 엄마, 내 인생은 전부 엄마로부터 시작해서 누군가에게 돌팔매질을 하라면 밑도 끝도 없이 엄마에게 얼마든지 던질 수 있어. 내 본성 위에 얼마큼의 흙이 덮이고 또 어떤 날의 해를 내리쬐고 무슨 감정을 품은 비를 맞았는지 엄마 손에 일궈진 나는 알 수가 없으니까. 그런데 그게 옳은 일일까? 난 모르겠어. 그때는 모르겠다는 엄마의 대답이 어떠한 사고의 과정도 거치지 않은 무심함의 결정체라고 생각해서 엄마가 "모르겠네" 던진 답이 들어오면 자판기처럼 "아, 왜 몰라"가 통 튀어나왔어. 하지만 우습게도 지금 내가 그래. 아무것도 모르겠네. 아는 게 없어. 어쩌면 인생이 너무 쉬웠던 걸지도 몰라. 늘 솔선수범해서 길 위의 모든 바위를 가장자리로 밀어주고 두 손으로 친히 길을 다듬어 주는 자수성가한 부모를 가졌으니까. 내 인생의 어려움이 누구에게 붙어서 거대해지겠어? 아주 사소하고 소소한 고난이었을 테지. 그래서 지금 이 길에서 만난 돌을 어떻게 옮길지 시도조차 않고 주저앉아서 다음 구원투수를 기다리나 봐. 이 링 위를 내려갈 방법을, 출구를 찾아 눈 돌리나 봐.

언제 죽을 거냐고 물었지. 나는 3월쯤 되면 죽겠구나 싶었어. 4월이 되면 성과를 내놓아야 하는데 그럴 역량이 안 되잖아. 도저히 4월 1일의 나를 그리지 못하겠더라고. 그때 죽을 생각을 했어. 그러니까 실전 말이야. 그러다 여차저차 넘겼네. 매일 책상에 앉아서 나 스스로의 한심함을 반추하면 어느 날은 일단 변화를 만들 수 있는 오늘을 사는 내가 장해. 다른 날은 환기시킨답시고 종종 열어두는 침대 옆 창문을 열어 당장 뛰어내릴 충동과 싸워. 내 얼굴을 이제는 알아보는 단이를 위해, 괜히 나를 들여서 아파트를 제값에 팔지도 못할 언니오빠를 위해. 그리고 내가 없으면 무너질 것 같은 엄마아빠를 위해. 그런데 엄마, 나아가는 건 어떻게 하는 거야? 난 모르겠어. 뒤로 나자빠지는 건 알겠는데. 사는 건 대체 어떻게 해?

엄마, 나는 엄마를 이제 나라는 수렁에서 꺼내주고 싶어. 내 구원투수로, 욕받이로 너무 오래 활동했잖아. 엄마의 생명 위에 겹쳐져서 너무 오랜시간 나를 이고 산 당신이 나는 불쌍하고 미안해. 당신 보물이 미천해 미안해. 빛나는 줄 알고 주웠을 텐데, 그 빛이 언제 있었는지도 모를 시간 동안 어두컴컴해서 미안. 협박처럼 죽음을 얘기해서 미안. 그런데 이런 짐이면 그냥 내려놓는 게 엄마의 남은 장거리 여행을 위해서라도 낫지 않았어?

2020년 7월 23일

특별히 잘하는 게 없다고 아주 오래 생각했다.

2020년 7월 29일

고작 음성으로 상대의 상태를 짐작하는 게 전부라서 편린까지 모조리 긁어 모아 전달하는 일에 열을 올렸던 때가 있다. 우리는 시간을 가장 오래 보내는 곳, 오늘 주운 삶의 지혜 한 조각 등, 각자 나눌 수 있는 것들 중 나름 최상의 것을 엄선했다. 학교에서 배운 수업, 고객 접대 방법 등. 엄마는 자주 고객이 원하는 걸 줘야 한다. 내가 주고 싶은 것이 아니라 상대가 받고 싶은 것을 주는 게 서비스업자의 마음가짐이어야 한다며 나보다 자신을 위한 이야기를 되새겼다.

웹툰 〈가담항설〉에서 복아는 내게 주고 싶은 것보다 내가 받고 싶은 걸 달라고 요구한다. 엄마는 나에게 어린 시절의 본인이 받았으면 하는 것들을 줬다. 일찍이 어머니를 여의고 이미 연로해서 큰아들에게 생계를 의탁하는 아버지 밑에서 올케와 조카들 눈치를 보며 자랐으니 나와 동생은 그 시절의 엄마가 가지지 못한 단정하고 예쁜 옷을 입었다. 흔히 방임되는 둘째들처럼 동생은 친구 집에 가는 것도, 친구를 부르는 것도 쉬웠다. 나는 좋은 친구의 의미도 모르는 채로 친구들 사이를 표류하며 매년 올해는 친구를 사귀고 싶다는 소원 틈으로 자기소개 시간 내내 호명되기를 기다렸다.

'인생이 굴러떨어지는 속도를 감당하기 버겁다고 느꼈을 때 누가 나를 밀었는가'라는 문장에 엄마를 대입했다. 전부 그의 탓이다. 나를 이 지경으로 내몬 건 전부 그가 자초한 일이다. 제자리를 찾지 못하고 꿈틀거리는 혀도, 대화를 이끌어가는 걸 극도로 꺼리면서 내가 쟤보다는 낫지 고까운 마음을 품는 심보도, 사람들 사이를 비집고 들어가고 싶은데 주머니에서 손을 꺼내지 못하는 것도, 내가 사람을 울부짖으며 찾을 때 좋내 나를 안는 품이 내 것인 것도 모조리 당신 탓이라며 울었다. 내 소리가 당신에게 닿지 않았으면 어땠을까. 우리 둘 각자의 울음에 먹혀 아무 소리도 듣지 못해 판단할 기력조차 잃었더라면 지금 여기까지 내몰리는 일은 없었을까. 만약에라는 건 아무 짝에도 쓸모없다는데 나는 늘 이렇다.

쓸모없다는 걸 추측하고, 재고, 따져서 이미 무너진 마음을 누차 견고히 다져보려 애쓰지. 아무 소용 없다는 걸 그 누구보다 더 잘 알고 있으면서도 말이야.

2020년 7월 31일

엄마를 만나기 전 꿈에서 울부짖었다. 울부짖는다. 그래. 몸이 무얼 덜어내려 취침시간 내내 스트레스 주는 것들을 강제 시청 및 이입시키니 밤새 괴롭다. 괴롭지 않기 위해서 내가 사라지는 게 옳은 건 여지껏 변함없는 나의 입장이다. 세상이 아름답지 않은데 아등바등 살기에는 내가 너무 유약하다.

2020년 8월 9일

깊은 곳 어딘가에서는 엄마의 잘못이 아니라는 편과 그럼에도 불구하고 그를 내 곁에 세워 함께 고통받고자 하는 편으로 나뉘어 싸운다. 매일. 꾸준히.

과거의 것들을 쉽게 놓아버리는 성향이 있다. 동시에 어떤 순간은 나를 보던 그의 눈빛, 어떤 마음을 담았는지 영원히 일방적인 이해만 가능할 목소리 톤, 그가 고르고 골라 던졌을 그 어느 하나도 떠오르지 않지만 내 뜻대로 편집해 당시의 내 반응과 함께 보관한다.

일기에 적고 싶은 한 줄은 있어도 일관성 있게 이야기하고 싶은 주제는 없다. 하기 싫은 일과 하고 싶은 일을 고르지도 못하는 나를 사랑하려고, 받아들이려고 노력하는 것만으로도 벅찰 때가 있다. 뚜렷한 이유 없이 나를 미워하는 이에게 그 이유를 만들어주라는 글을 읽은 적 있다. 어쩌면 최선을 다해 나를 증오할, 손톱으로 긁어낼 이유를 만들고 있는 중인지도 모르지.

사랑하고 싶지 않아서 그 방법으로 자멸을 선택하는 건가. 창문을 내다보면 충동이 왕왕 든다. 내가 죽으면 언니에게 나를 알게 한 시간들이 죄스러워질까, 우리 엄마는?

아래를 내다보며 창문 두 개를 모두 열었다. 여기서 떨어지면 모두 끝이다. 화요일이고 월요일이고 사람들이고 전부 생각하지 않아도 된다.

그렇게 창문을 열고 방충망 사이로 들어오는 비를 맞으며 잤다.

2020년 8월 23일

생일이 지났다. 축하해 주는 사람은 매년 몰아치다 사라지고 다시 모습을 드러낸다.

생각을 구체화하는 능력도 없고 특별한 바람 대신 감동만을 바라는 사람이라 쉬이 만족시킬 길이 없다는 걸 익히 알고 있다. 모두가 노력하는데 수챗구멍으로 흘러가는 기분.

2020년 10월 8일

이틀 만에 씻었다. 씻는 일 자체를 무척 즐기는 편이지만 이 일이 합리적인 순서인가 따지기 시작하면 샤워에 쏟을 기운이 달아나고 없다.

2020년 10월 11일

쏟아내고 싶은 감정들이 눈이고 손이고 귀고 한참을 흘러나오는데 나는 막상 판을 깔아주면 쭈볏거리는 끼없는 아이처럼 뒤로 물러선다. 일기장을 찾아 손이 책상 위를 더듬거리지만 그뿐이다.

2020년 10월 22일

누구든 좋으니 나를 좀 데리고 가달라고 부탁하고 싶다.
다시 돌아올 곳이 있으나마나한 기분.
서울에는 왜 왔을까.

2020년 11월 4일

할머니,

눈물은 흐르는데 어디가 괴로운지 모르겠어요. 노래를 들으면 죽어버리든지 미쳐버리든지라는 가사만 귀에 꽂혀요. 제가 가진 것들이 저를 괴롭히는 건지 아니면 아직 손에 쥐지 못한 것들인지 모르겠어요. 다정을 온몸에 두르고 침대에서 일어나 침대로 기어오르고 싶어요. 다정해서 어디에 쓸 건지 쓰임은 모르지만. 용도를 모르는 것이 당장 저에게 무슨 쓸모가 있죠?

제가 내일로 건너갈 때 손발만 붙어 있어도 되지 않나요. 엄마는 왜 울죠. 아빠는 왜 침울하죠. 동생이 본인이 저에게 받은 만큼 주지 못하는 게 괴롭다는데 제 잘못이 정녕 없을까요.

할머니, 눈을 감아야지만 제 목 아래 길게 늘어진 동아줄을 무시할 수 있어요. 달려드는 차를 보면 저도 그 앞에 뛰어들고 싶어요.

차마 혼자 보내지 못해 함께 간다는 말이 머릿속에 한참 떠 있어요.

2020년 12월 9일

병원을 다녀왔다. 지난주 금요일에 분노 테스트를 진행했다. 선생님은 이 테스트가 비단 분노라는 제한된 감정만 확인하는 게 아니라며 설명했다. 검사지를 받아들었을 때는 몰랐는데 타인의 입으로 듣는 결과 속 나는 자주 분노하며 속으로 욕을 삼켜내는 사람이었다.

버스를 타고 돌아가는 길에서 스친 흡연자들과 건물 사이를 비집고 쏟아지는 햇빛에 찡그려지는 얼굴로 겨우 알아차렸다. 이런 것들이 나를 분노케 한다. 하. 별 시답잖은 것들에게 시달리는 중이었구나. 씨발 사는 게 왜 이리 어렵냐. 여태 자신이 싫어하는 게 뭔지도 모르고. 나란 인간 대체 뭘까.

2020년 12월 11일

아무리 생각해도 나는 엄마를 너무 좋아했던 것 같아. 생각을 멈추기 위해 들인 노력이 깊어진 만큼 좋았던 기억도 털고 싶은 기억도 대부분은 휘발되고 그저 과거에 그런 일들이 있었다는 잔상뿐인데, 나는 엄마를 많이 좋아했던 것 같아. 엄마 때문이라는 탓은 하지 않아야지 싶다가 또 가끔 내게 모질었던 건 제삼자의 눈에도 사실로 비춰질까 궁금해.

엄마, 정말 내가 엄마를 협박하는 거라고 생각했어? 죽고 싶다고 고백하는 게 엄마 귀에는 협박처럼 들렸어?

꽤 오랜 시간 죽음을 상상했어. 어떻게, 언제, 왜 죽을까 머릿속으로 그렸어. 엄마의 말을 듣고 그때가 지금임을 알아차렸어. 졸업 후 좀처럼 마음을 진정시키지 못한 해외 명문대 졸업생, 모친과의 깊은 골을 메우지 못하고 말다툼 끝에 결국 자살, 사인은 추락사, 바로 지금 떨어진다.

냅다 밖으로 뛰쳐나가는데 엄마가 동네 창피하게 굴지 말라며 팔을 잡고 놔주지 않았어. 현관문 밖까지 딱 한 걸음을 내딛었을 뿐인데. 도로 사는 건가. 안도했던가? 아니, 협박이냐는 질문이 비수로 꽂혀 소파 뒤에서 대성통곡했지.

우리는 그럴 때면 늘 그렇듯 털어놓은 속내를 이해하는 척 애써 고개를 주억거리고 뒤돌면서 도로 뱉었지. 로마인도 아니고 애초에 왜 삼켰는지도 모르겠어.

그래. 그래서 엄마 내가 협박이야? 내가 왜 불안해? 나는 편히 집에서 부모가 아침부터 나가 땅거미가 지면 돌아오는 길에서 주운 돈으로 영위하는 속 편한 계집앤데 말이야. 그렇지, 엄마?

나는 이제 아무것도 모르겠어. 자꾸 묻고 싶어. 진짜 내가 협박했다 생각했어?

2020년 12월 14일

혓바닥이 얼얼하니 마취가 덜 풀린 입안 같다. 해파리의 촉수에 쏘여 앙 다물지 못하고 눈물만 찔끔 짜는 스스로를 상상하며 입천장에 혓바닥을 꾸역꾸역 붙이는 게 과연 무슨 효과가 있을지 모르겠다는, 주제로부터 조금 튀는 생각으로 종결짓는다.

엄마를 떠올리면 눈물이 난다. 수차례 정말 그렇게 생각했느냐고 묻고 싶은 마음으로 전화를 걸지만 우리 사이 거리가 얼마나 있든 우리는 서로를 위해 내줄 시간이 없다. 그에게 나는 비어 있는 입이자 놀고있는 손이니 오롯이 그의 시간에 맞출 수밖에. 길 위의 사람들을 모두 손으로 쓸어내리고 싶다.

텅 빈 거리를 걷는 모습은 상상만으로 아찔하다. 외로움을 몹시 싫어하니 나는 최후의 일인이 되면 아마 죽어버릴 거야. 인류를 회생시킨다는 야망은 없고 적당히 좀비가 무리지어 다니면 좋겠다.

꿈을 며칠째 꾸지 않는다. 기억나지 않는다는 게 정확하겠다. 기억도 없고, 꿈도 없고, 나는 대체 무얼 부여잡고 우울하다 울고 있는지 며칠을 경고없이 터지는 울음에 속수무책으로 당한다. 이따금 깨끗한, 손 한

번 타지 않은 손목 안쪽 핏줄이 보이면 긋고 싶은 충동이 인다. 아주 오래전부터 그랬는데 어차피 손목 안쪽은 그어봤자 죽지 않는다더라. 몸을 던졌으면 던졌지 어설프게 흉만 만들고 싶지 않아.

2020년 12월 15일

먼 미래를 꿈꾸는 이들에게 내 미래는 2020년이 끝일 것 같다는 계획을 세우고 있다, 얘기하고 싶다. 엄마가 나를 한 번만 더 자극하면(그가 나를 인내하고 있는 것과 별개로) 정말 뛰어내릴 것 같다. 이런 생각이 들 때면 내가 얼마나 추잡한 인간인지 생각하며 협박이냐고 묻던 엄마의 말이 사실로 다가온다.

선생님은 종종 본인이라면 이런 감정을 느꼈을 것이라며 넌지시 알려주는데, 마치 정답지를 보고 내 오답을 깨우치는 기분이라 매번 뜨끔 놀란다.

턱 밑에 칼을 박아넣는 상상을 한다. 전이라면 스스로의 잔혹함에 질려 이내 자책으로 끝났을 상상이지만 이제 아무렇지 않게 스스로에게 그래서 지금 죽을 거냐고 도로 반문한다. 당장 죽을 수 있을까.

나를 그리워할까 염려되어 여러 SNS 계정을 만들고 최대한 많은 이야기를 기록하는 사실을 알까. 그렇지만 어느 분이 자살한 언니를 여태 그리워하며 챙기는 모습에 나에게는 아무도 없을 거라며 울었던 걸 보면 역시 나도 알고 있지 않을까. 나는 그렇게 기억되지 않고, 추억되지 않을 거라고. 종국에는 할머니처럼 잊힐 거라고.

나이가 들어 제 기능을 하지 못하는 몸을 땅 위에서 질질 끌며 연명하는 것보다 모든 가능성을 닫은 채 떨어지는 게 더 현명하지 않을까 고민스럽다. 의식하는 만큼 짜증이 치민다.

손목 안 여린 살이 일기장에 쓸리는 게, 눈알을 밖으로 밀어버리고 싶을 정도로 짜증난다.

2020년 12월 17일

소슬,

네 이름을 끝내 부르는 건 내가 외롭다는 뜻이야. 내 마음이 길어 그림자에 가로막혔을 때 나는 의지할 곳이 없어. 외롭다.

차라리 잠이라도 일찍 들었더라면 지금 눈물 그렁그렁한 눈으로 너를 찾아 일기장을 펼치지 않았을 텐데. 사랑받고 싶은데 나는 그 사람에게 빠지고 싶지 않아. 돌아오지 않는 사랑이라니 두렵기만 하잖니.

그래도 내 어깨 위로 온기가 퍼졌으면 좋겠어. 차라리 포기하고 추락할까. 내 삶은 끝까지 이런 식일 것 같아. 왜냐하면 지금까지 그랬으니까. 타인의 단점을 짚어내기 급급한 나를 좋아할 이가 누구겠니. 나지.

오로지 나 하나지.

그리고 나는 나를 썩 좋아하지 않지. 왜 그럴까. 좋아하지 못하는 이유가 뭘까. 다들 나를 좋아하지 않으니까 나도 나를 좋아하지 못한다는 핑계를 대면 너무 비겁하지? 그냥 이미 간 사람들이 부러워. 여태 기억되고, 사랑받고 추억되는 게 말이야. 높은 확률로 나는 모래사장 위 발자국이 되겠지. 지워지고 말 거야.

2020년 12월 20일

,

누구에게 보내야 옳을지 모르는 밤이다. 새벽인가. 그래, 조금 이른 시간에 쓰는 일기다.

책상에 앉기까지 하루가 걸린다. 나머지 시간에는 침대에 누워 있거나 거실 가장 구석에 위치한 장미의자에 적당히 몸을 구겨넣고 책을 읽는다. 엄마는 한심하게 늘어진 꼴이라 칭할 거고 아빠는 혀를 차겠지. 몸을 돌려 등을 보이거나 소파에 길게 누워 본인만의 세계로 도피하겠지. 때로는 방구석에서 조금 운다. 울면서 침대 옆 한기가 새어나오는 창문 밖으로 투신할 상상 따위를 한다. 오래 울지 못하는 건 어쩌면 내가 크게 절망스럽지 않기 때문이다. 선생님은 몇달 전의 나는 심각한 우울증이라고 하셨다. 지금은 약을 크게 복용하는 게 없음에도 무의식적인 비판을 덜었다. 머리가 가벼워짐에 따라 발길도 손길도 모두 낭창거리기 일쑤다.

내가 타인에게 뻗은 손길이 내쳐졌을 때 여전히 손을 내밀고 있어야 될까. 이걸 구태여 공을 들여 곱씹을 필요가 있을까. 괜찮다며 넘기는 건 엄마의 말버릇인데 그는 과연 괜찮을까. 협박이라 부른 건 본인이 사는 게 괴롭기 때문일까. 그의 기저에는 무엇이 묻혀 있을까. 엄마는 내가 없어도 살 수 있을 것만 같은데. 문득 내 '협박'이 그를 끝으로, 극한으로 몰고 가지는 않을지 두려워진다. 엄마가 간신히 끝에서 견디는 사람이라 죽어버릴 것만 같다. 그럴 거야, 엄마? 왜 엄마는 병원을 안 가? 나는 12월이 마지막이라 최면을 걸고 있어. 효과가 있을까?

2020년 12월 24일

소슬,

솔아가 크리스마스 겸 연말 선물을 준다길래 왕십리역에서 잠시 만났어. 센스란 뭘까. 나는 왜 뭘 해도 이렇게 어설프고 날것 그대로의 거칠고 투박한 골조 같은지. 솔아는 어떤 것들은 타고나는 거라며 내가 본인의 센스를 가질 수는 없을 거라고 단언했어. 일기를 쓰는 밤을 여태 채운 솔아의 향수를 맡으면 무척 옳은 말이라고 느껴진다. 종이에 향수를 뿌려주다니. 내가 동경하는 삶과 전혀 가까워질 수 없었던 건 아무래도 타고나지 못해서일까. 그래서 솔아가 선물할 때 사용한 포장지를 그대로 벗겨 예진이에게 보낼 책을 포장했다.

다정도 훔쳤는데, 센스라고 훔치지 못할 이유가 있나. 비록 나는 끝끝내 도둑에 지나지 않을지언정.

2020년 12월 26일

진료실에서 선생님 이야기에 가만 귀 기울일 때면 눈이 스르륵 굴러간다. 멈출 줄 모르는 입에서 머리 뒤 흰벽으로. 그렇게 어떤 생각들이 연이어 떠오르고 돌연 시작한 일들의 끝이 으레 그러하듯 벽에 부딪힌다. 최근에는 부모님에게도 말할 수 없고 동생에게도 털어놓을 수 없는 우리들의 고질병이 아마 영영 이런 모습일 거라고 깨닫고야 생각을 그쳤다. 무기력이 눈에 들어오자 바로 현실로 내쫓긴다. 그래. 어쩌면 내가 아주 어렸을 때부터 자책하듯 했던 말들은 모두 예언이었는지 모르지. 엄마의 모든 불행은 나의 탓이고, 그런 나는 태어나면 안 됐다. 너는 눈치도 없냐며 혼내는 이에게 미안함이 먼저 터졌다. 나는 눈치도, 융통성도 없다. 아마 지금도 마찬가지. 게을러서 자주 방문 뒤로 숨는다. 이 기적이라 그렇다.

사실 다 귀찮다. 삼십 분 남짓 거리를 걸어오며 차에 치여 날아가는 상상을 한다. 반대편에만 틈틈이 심긴 가로등을 부러운 눈길로 보다 몇 해 전 집앞을 훤히 비추던 가로등은 사랑이라고 정의했던 때가 떠올랐어. 아빠가 동사무소에 연락해서 고친 가로등. 그래. 아빠는 나를 사랑하시긴 하겠지.

2020년 12월 30일

소슬,

선생님의 이름을 쓸까 0.5초 고민했어. 누구의 이름을 빌린다한들 할 수 있는 이야기의 주제는 항상 나로 한정되어 있는데 붙인 이름에 차이가 있을까. 어제까지만 해도 당장 오늘 아침 11시 반 차를 타고 떠나겠다고 다짐했어요. 내가 이해받지 못하고 존중받지 못해서 별난 사람처럼 벽을 세우고 멀뚱히 눈을 껌뻑일 모습이 눈에 훤하기도 했거니와, 엄마와의 말다툼 끝에 엄마에게 급히 들어간 결과물이 내 마음에 들 리가 없어 얼굴 표정을 차마 펼 수 없을 거니까요.

칼날이 손목을 꿰뚫어 버리는, 관통해서 손에 주렁주렁 장식처럼 들고다니는 모습을 상상한다. 자해를 시도한 이들의 순간들이 박제된다면 세상은 어떨까.

2020년 12월 31일

유난히 그런 충동이 잦다. 손목 안쪽을 지나는 푸른 혈관 세 개가 눈 깜빡임에 팍 터지는 망상에 점차 익숙해지니 폭이 높지 않은 계단에서 발이 꼬여 고꾸라지는 상상 내지 지하철 역사 안 모두가 고개를 들어 열차의 거리와 약속장소까지의 도착시간을 가늠하는 전광판 아래를 급히 지나다 떨어진 전광판에 재수없게 머리가 깨져 즉사하겠다는 모종의 예언으로 증폭한다.

21년 1월 22일 금요일
익명씨.

혹시 너무 많은 말을 하지 않았나요? 서툰 감정을 섣불리 세상에 던지고
책임없이 둘러대며 우리의 그들의 등을 돌로 일겠게 (않았을까)?

21년 1월 26일 화요일
오두끼까지나 억지이다. 불결탄고 그들의 1등이 되지 못할거다.
앞글 늘기봇하는 식량들로 가는 제대로 균형하지는 못된 바닥 비워걸 데게
아이 한참 전개펼긴 통4도 흘리나바 썩 찔이 끼끄겁지
않았습니다.
사랑들의 흐리게 기대게(흐리다 번리를 극복할 방법을 S우리 오셨습니다)
속사이 ●밤멀이. 그늘아께너 멀리자가 한다.
3은 동작기 당연하다 하지 수 있는 나는 한명되지 않고, 내 그계에게
한참 전개 나눔 3독 3개가 먹었어

21년 2월 2일 화요일
부른 이름이 없다 독목 안목 여한 폭근 일이 시커인다
액빡이 뒤며 존재를 ※임요이 인해온다. 목덕 비로 이건말
으로 第 언더라을 받아 떨어내는. 하긔 불수가 더는
상상을 한다. 아깨너 상상이 멈추지 않군다.
우암해서며 우수히 오백렘뉸데 이제 숲이 두경가는도.
벅볍다. 게찮다. 내가 숙이 있는게 누구의 덕안가.

...대로 우리는 천시 역시 옥에게 줄지않게
 별로의 출덕이난다.
앞들이 기꺼이 알축 가하리고, 그들과 함께 있고
기근 ~이기만이 아니라 온전히 그들의 삶에
~해길 목숨을 마치 ~기처럼 앞으
끌기는게 내 ~ 환상 그땐 ~ 끝을 ~그리고
만러고 ~양한다.

~가 ~울개기~ 역시 내가 울게다.
~~~는 여태 선격 ~ 있는 ~말~이만
그나머 역시 올곧이 앞에 내 ~들은
여주는 시기가 돼서 갈끼~리
~가 있는것이 다르지 않는다.

~ 힛해 책을 구체할 ~ 으로 듣고
~에서 5가 ~ 받는 생각을
참며 ~울걷다.
~ 리~건 어떤데. ~들은 더 이기
~실해 ~. 그거리 ~?

2021

2021년 1월 5일

서준아,

누나는 이제 정말 모르겠어. 너를 이제 조금 이해했다고, 드디어 너의 파편들을 손에 잡았다고 생각했는데 나는 어째서 여전히 네 속을 헤아리면 길을 잃을까. 너에게 다정하고 싶어. 솔아의 이름을 부르듯 네 이름을 어느 낮의 살랑거리는 바람에 실어 보내고 싶어. 그런데 나는, 한평생 이기적인 아이라 손가락질 받은 사람은 난데, 네가 가르키는 것들의 무게가, 나는 도무지 이해가 안 돼. 어째서 조금 더 조심할 수 없니. 정말 내가 만만하니. 나는 네가 유연하게 주위를 살피지 못할 때 주변인들로부터 보호제 역할을 해 주고 싶어. 굳이 통화를 자처했어. 그런데 지금 이게 뭐야. 나는 네가 집에 잘 도착했는지 여부조차 모르고 있어. 너는 나한테 소리지른 게 미안하지 않니? 그런 네 뜻대로 하루를 보내면 그게 끝이야? '우리'는 어디 있어? 아니면 원래 뿌리조차 내리지 못한 곳에 이제는 최소한의 자리라도 확보했으니 다행인 거네. 그리고 아무것도 하지 않는 내가 네 앞에서 죄인이니. 서준아, 나는 도대체 너한테 뭐야.

2021년 1월 6일

엄마,

나는 왜 엄마를 찾으며 울까. 왜 내 울음의 중심에는 항상 엄마가 있을까. 엄마가 내 질문들에 모르겠다는 태도로 일관하는 게 너무 무성의하다고 느꼈어. 내 말을 듣기는 했을까. 진짜 답을 모르나? 아니, 어떻게 모두 모를 수 있지? 그래서 가끔은 화도 났어. 최근이라고 하면 웃긴데 그래. 화가 났어. 화났고, 엄마가 조금 미웠고 이런 사소한 일에 마음을 듬뿍 쏟는 내가 싫었어. 사소한 일이라고 넘어가면 되는데 나는 어째서 이렇게 좁쌀 관찰하듯 모든 걸 코에 박고 눈으로 들여다 봐야 될까. 그런데 이제는 내가 그래. 모르겠어. 병원은 다니지만 실제로 좋아지고 있는지 모르겠어. 약을 먹어도 여전히 손목을 돌려 회처럼 살을 얇게 뜨는 상상을 해.

창밖은 뛰어내리기에 너무 높지만 죽기에 가장 적확한 방법이 아닐까. 다만 이곳은 내 집이 아니지. 누군가의 발목을 잡고 선의였던 마음의 문을 이중삼중으로 닫을까 봐. 그래서 여기는 아니야. 대신 목을 찌르는 상상을 해. 샤워줄로 목을 조르는 것도. 그런데 엄마 나 진짜 유난스럽지. 왜 우울한지 이유도 모르면서 이렇게 동네방네 외롭다 우울하다 고함을 지른다. 그냥 죽을까? 어떡해 엄마. 샤워하면, 물 속에서는 씻는 순서를 생각하느라 울 새가 없는데 오늘은 울었어. 엄마를 찾아 울부짖었어.

2021년 1월 12일

꿈.

엄마가 나왔고.

2021년 1월 15일

꿈.

오늘도 역시 꿈이 갈가리 찢겼다.

2021년 1월 16일

선생님,

제가 미워요. 한심하고 싫어요. 현재의 내가 싫으면, 이런 자신을 극복하든 뛰어넘든 해야 한다는 사실을 알고 있어요. 이대로 여기에 고여 버리면 저 혼자만이 아닌 모두를 주저앉힐 것만 같아요. 제가 기운이 나야 엄마도 기운이 난대요. 선생님, 아빠는 제 눈치를 본대요. 저 진짜 어쩌면 좋아요.

2021년 1월 18일

늘 새벽에 일기를 시작하는 탓에 날짜의 정확도가 떨어진다. 오늘의 날짜를 적는 게 솔직한가 아니면 어제의 날짜가 정확한가. (사람이 이어진 가위질) 이게 내가 생각하는 매일이니 어제니 오늘이니 하는 고민은 실상 아무짝에도 소용없다.

며칠째 밤만 되면 울화가 터진다. 터져서 눈물이 나고 내가 한심해서 죽어버렸으면 좋겠다는 결론으로 모든 생각이 종결된다. 차라리 한 번 찌르고 얼마나 아픈지 그 정도를, 수치를 알면 겁이라도 먹지 않을까 싶어 자꾸 손목을 내려다봤다.

아주 살짝만 그어보면 초롱이가 물어서 생긴 흉처럼, 엄마를 따라간 정체 모를 곳에서 양손 검지 아래 살이 찢겨 손톱달 두 개가 남은 것처럼, 실팔찌 하나가 남지 않을까. 정신은 철이 들지 못했더라도 육체는 착실히 나이가 들어 이제 제법 느린 회복에 아마 근사한 팔찌를 얻을지도 모른다. 엘리베이터에선 진짜 이런 소망이 실현될까 감히 입 밖으로 꺼낼 엄두도 못 내면서. 나 너무 구질구질해. 엄마 말이 맞다. 나 구질구질해. 그것도 엄청.

할머니 제사 때도 엄마한테 진짜 내가 차분해지지 않아서 당장이라도 커터칼로 긋고 싶다고, 내가 밉고 싫고 한심하다는 말을 못 했다. 그냥 계속 울었다. 엄마는 괜찮다며 이야기하라는데 내가 이 얘기를 해도 과연 당신이 나를 여전히 견뎌줄 수 있을까.

엄마가 입에 달고 사는 단어. 이미지. 당신은 나를 어떻게 볼까. 이미 충분히 바닥인데 여기서 더 내려갈 곳이 있어? 나는 잘 모르겠다. 지금껏 그래 왔듯이 앞으로도 혼자 껴안고 뛰어들 외로움과 자기비하 아닐까.

2021년 1월 22일

혹시 너무 많은 말을 하지 않았나요? 서투른 감정을 섣불리 세상에 선보이고 책임 없이 등돌리며 은근히 그들의 등을 손으로 밀어내지 않았습니까?

2021년 1월 26일

모두에게서 멀어진다. 결단코 그들의 1등이 되지 못할 거다.

말을 늘어놓을수록 사람들 위를 제멋대로 군림하려는 못된 버릇이 비칠 테니까. 이미 한참 전에 찢긴 틈새로 흘러나와 발밑이 미끄럽지 않으십니까.

사람들의 호의(호의와 선의를 구별할 방법을 도무지 모르겠다)에 기대 살아오길 십몇 년. 그들에게서 멀어져야 한다. 모든 손길이 당연하다 여길 수 있는 시간은 한정되어 있고, 내 모래시계는 한참 전에 모든 모래가 떨어졌다.

2021년 2월 2일

부를 이름이 없다. 손목 안쪽 연한 푸른 살이 시큰거린다.

맥박이 뛰며 존재를 쉼 없이 일깨운다. 턱 바로 아랫부분으로 열 손가락을 박아 찢어내려 피의 분수가 터지는 상상을 한다. 어째서 심장이 멈추지 않을까.

무감해지려 무수히 노력했는데 이제 삶이 두렵기도 하고, 버겁다. 귀찮다. 내가 살아있는 게 누구의 덕일까 고민하면 그대로 사라지는 편이 역시 모두에게 좋지 않을까, 같은 결론으로 떨어진다.

사람들의 기대에 맞추어야 하고 그들과 함께 웃고 즐기고 나의 고민이 아니라 온전히 그들의 삶에 더해질 부담도 마치 나의 것처럼 땅으로 미끌어지는 게 내 무릎인양 얼굴을 찡그리고 고민하고 울어야 한다.

내가 문제라더니 역시 내가 문제다. 여태 신력 하나 없는 돌팔이만 만나더니 역시나 돌팔이였네. 내가 둘을 이어주는 사다리니 뭐니 같은 개소리. 내가 없는 편이 더 좋지 않을까. 마음이 헛헤 책을 구경할 요량으로 들른 서점에서 도리어 죽어야겠다는 생각을 한겹 더 둘렀다. 나만 괴로운 건 아닌데, 얘들은 왜 이리 열심히 살아? 괴롭지 않아?

2021년 2월 4일

엄마,

무슨 이야기를 하면 좋을까. 지금 꾸준히 다니는 병원이 실은 나에게 어떤 도움이 되는지 모르겠다는 얘기? 언제까지 다녀야 하냐고 물었지. 몰라. 엄마나 아빠를 머릿속에 집어넣으면 해주고 싶은 이야기들이 범람해. 도대체 어디서부터 치워야 할지 막막함에 난감하던 때가 있었는데 벌써 넘어간 페이지야. 더는 엄마를 떠올려도 즐겁지 않아. 기쁘지 않아. 엄마도 내가 그렇지? 내가 밉지? 너 때문에 우리가 싸운다며 마구 뻗친 성질을 머리카락 빗는 손길에 담을 수 있던 때가 그립지 않아? 난 이제 엄마 앞에서 울지 않잖아. 전화기 너머 건너온 음성만으로 내 세계가 뒤흔들렸고, 안온했고, 우리 많이 울었는데. 지금은 엄마가 이상하고 내가 이상해. 아빠가 이상해. 어떻게 모든 걸 덮을 수 있어? 손으로 덮은 불씨가 완전히 사그라들었어? 나는 내가 어디 매달렸는지조차 모르겠어. 모든 일이 얼떨결에 들은 남의 것 같아. 여기 정말 내 몫이 있긴 해? 사람들에게서 나를 떼어놓고 싶어. 나를 아는 사람들이 단 한 명도 없는 곳에서 전에 엄마는 웃었지만 모두가 뜯어 말리는 일에 열광하며 생애를 바치고 싶어.

슬프지 않아. 빛나는 이들의 땀이 탐날 뿐이야. '위대한'이라는 호칭을 결코 얻을 수 없을 테니.

내 삶이 3분의 2쯤 타버린 것 같아. 나를 모르겠어, 엄마. 조금만 바스락거려도 검게 그을린 부분들이 새로 사라져. 내가 좋아하는 게 뭐지. 나를 여기 묶어두는 게 뭐지. 엄마를 충분히 사랑하지 않는 것 같다 그랬지. 어쩌면 그런가 봐. 엄마가 내 전부였는데. 내가 항상 올려다보던 사람이 엄마인데 이제 세상이 벗겨졌어. 여긴 대체 어디니. 보지 않을 영화를 사고 쌓아둘 곳을 찾지 못해 끝내 눈물을 터뜨릴 책도 사 모아. 혹시라도 사랑할 수 있을까 싶어서. 엄마, 나 진짜 죽고 싶어. 그런데 찔리고 싶지는 않아. 또 뭘 어떻게 해야 할까.

2021년 2월 28일

여전히 '모르겠다'를 답보하고 있다. 어제는 굵은 검은색 볼펜으로 왼손 안쪽에 낙서를 했다. 손목 위를 죽 긋는 행위에 기분이 약간이라도 나아지길 바랐는데 오히려 굵은 선의 그림이 울퉁불퉁 모나서 더욱 침체됐다. 기분이라는 게 잠시잠깐 좋아지는 것 말고 조금 더 오래 둥둥 떠 있을 수 있는 건가?

선생님에게 나는 우울증이라고 병명 붙이기 민망하고 죄스럽다고 고백했다. 이번 주는 아니고 과거의 언젠가. 나는 혼자있다 확신이 들면 눈물이 난다. 내가 부족한 게 엄마아빠한테 미안해서, 그냥 울고 싶어서.

그냥 죽고 싶어서 울었다는 게 정확하겠지.

내가 가진 것들의 부족함이 하나둘 눈에 박히면 마음과 함께 손도 멀어져서 이내 손 닿는 곳은 아예 팔로 밀어내고 싶어. 모두 땅에 떨어지면 파열음에 정신차릴까. 내가 치워야 한다는 사실에 정신 돌아올까. 지겨워.

숨을 거두려고 목도 몇 번 졸랐는데, 결국 내손이라 온순하더라.

2021년 3월 24일

엄마가 뭐라고 생각할까

라는 생각을 덜 했으면.

.

정말 칼 한번만 손목에 박아볼까.

2021년 3월 27일

일기를 꼬박꼬박 써야 한다는 강박은 없다. 다만 나에게 소통 창구가 필요하지 않나, 배설욕을 어떻게 참고 있지 하는 생각 때문에 그리고 뭐라도 꾸준히 써야 글쓰기가 늘지 않을까 하는 기대 혹은 의무감 때문에 놓지 못할 뿐이다.

병원에 가면 자꾸 울고 싶다. 멍청해진 게 느껴진다. 극도로 긴장해서 아주 조금이라도 유려한 어휘들은 전혀 기억나지 않는다. 혹여라도 나의 무식함이 드러날까 사용하는 게 두렵다.

2021년 4월 20일

놀랍지도 않다고 뻔뻔히 일기를 시작하려 했지만 날짜를 확인하기 위해 핸드폰을 켜자마자 절로 입술이 모이면서 와우 소리가 나왔다. 빌어먹을 벌써 4월이고 근 한 달만의 일기인데 사실 자고 싶으니까 자야지.

2021년 4월 27일

이 새벽에, 남들은 하루의 노동에 지쳐 노곤하게 침대에 누워 코를 고롱거릴 시각에 어째서 나는 또 화가 머리에서 핑글핑글, 뜸 들이기에 돌입한 밥솥처럼 빠지고 있는가. 속이 불편하고 뒤통수가 은근히 당긴다. 스트레스에서, 내면으로 향하는 증오에서 자유로울 수 있을까. 눈이 침침하다.

하염없이 우는 모습, 그래서 마르지 않는 눈을 상상한다. 지금은 너무나 퍽퍽하다.

2021년 4월 28일

사건사고 하나 없는 직선 같은 일상에 전화 두 통이 던진 돌의 파장을 기록하지 않는 건 예의가 아닌 것 같아 시린 무릎을 안고 연필을 든다.

그 아이의 목소리가 그리웠다. 무슨 속엣말을 털어도 덤덤히 들어줄 사람이 어제는 그곳밖에 없다는 얄팍한 생각이 아예 없었더라면 거짓이겠지. 외롭고 쓸쓸하고 앞이 보이지 않아 어둠을 헤맬 때 막막한 심정을 그 애는 이해할 거라, 이해가 어렵다면 수긍할 거라 빌었는데 아니었다. 느린 사람이라는 정의가 서운했나, 수차례 같은 고민을 토로했지만 현실적으로 변경이 불가피한 상황이라는 걸 그가 이해하길 바랐는지도 모른다. 당장 내 돈으로 어떻게 한 시간에 십만 원에 가까운 돈을 쓸 수 있을까. 그리하면 안되는 일이었다. 사람은 누구나 지치기 마련이고 지치면 평가하게 된다. 그를 가까이 둘지 말지를 결정하는 것이다.

조금 더 알아보라 조언하고 원한다면 행동하라 말한다.

그리고 엄마는 왜 본인을 가해자로 모는지. 도리어 내가 그에게 상처를 입힌 것 아닌가. 사만 원짜리 옷을 입는다니 사십만 원짜리를 입어야 할 판국에 겨우 사만 원이라니! 이게 그토록 가슴 사무치는 순간이었나. 엄마가 무얼 해주겠다 말할 때마다 눈물이 난다. 고맙거나 미운 게 아니라 그냥 이 사람은 왜 베풀고도 온전한 감사 인사조차 받지 못할까 안쓰러워서. 힘들다 울 때는 언제고 지금에서야 이러는지. 고민이 깊어질수록 죽어야겠다는 결심이 선다.

엄마를 괴롭게 하지 않을 자신이 있다.

2021년 5월 20일

선생님은 많은 말을 해주고 나는 제때 소화하지 못 한다.

2021년 5월 21일

소화 기능이 약해졌다. 비단 목구멍으로 넘어가는 음식물만 그런 게 아니라, 눈으로 넘어가는 활자도, 머릿속으로 넘어오는 해야 할 일들도 모두 소화하기 어렵다.

더는 우울하지 않은 것 같다. 선생님은 매주 다음 약속을 잡으시지만 나는 여전히 그의 도움을 필요로 하는지 모르겠다. 혼자 의자에 앉아 있어도 울지 않고, 책상 앞에 앉아도 가슴이 뛰지 않는다. 그저 도망치고 싶고 사라지고 싶을 뿐. 무엇이든 하라는 말들을 앞에 두고 뭐라고 답할 수 있을지 그저 그 말들이 내 뒤를 사뿐히 즈려밟고 갈 수 있게 최대한 땅 위에 평평히 누워 줄 뿐이다.

거리와 무관하게 상대를 울리는 능력을 얻었다. 엄마는 나와 같은 공간에 있어도 울고 내가 멀리 다른 집에 들어가도 운다. 존재 자체가 그에게는 미처 처리하지 못한 죄책감이자 짐인 셈이다. 그래서 차라리 죽으면 모든 일이 몇년 안에 사라질 텐데 같은 생각을 한다. 엄마는 앞에서 울고, 그 눈물을 닦아주는 대신 말려버릴 방법으로 자살을 상상한다. 이 편이 엄마아빠 모두에게 이롭지 않을까. 힘든 사람들이 왜 꾸역꾸역 오늘을 견디는지 모르겠다. 엄마는 참고 견디니 사람들의 기준이 되었다며 그 사실이 과거의 상처를 지우고 오늘을 지탱할 힘을 준단다. 나는 아니다. 잊으라 종용받지만 여태 미련하게 붙잡고 있는 것부터 모양이 나오잖아. 한평생 이 꼴이겠지. 모두가 멈춰선 나를 지나쳐 앞으로 전진할 때 뒤에서 밀려오는 물줄기를 막을 방도도 없으면서 홀로 서 있겠지.

2021년 5월 28일

아무것도 적지 않고 넘어갔다.

2021년 6월 17일

엄마 EBS 가입.

.

침대까지 들고가는 비밀이 역겹다. 때와 장소를 가리지 않는 무른 불평이 괴롭다.

어째서 결혼만이 단절이라고 생각했을까. 어쩜 그리 생각이 얕을까. 곁에 있길 바라면서 정작 내 곁은 아무도 지키지 않는다. 바닥이 훤히 보이는 농담까지가 우리가 견딜 수 있는 시간이라면, 일층과 이층으로 나뉠 가족이라면 허우대만 있는 게 무슨 소통이란 말인가. 몇 년 전 느낀 기시감의 원인이 바로 이거였나. 외로움. 당신들만은 내 곁에 있으리라 생각했는데 끝내 내 옆을 지키는 이는 아무도 없어. 공중에 손 내젓는 소리만 들리는 그런 곳에 말이야.

엄마 욕을 맘껏 하라며 일기장을 돌려줬지만, 내 일기장에서 죽을 사람은 언제나 나 혼자인걸.

외로워. 사는 건 늘 외로움이었는데, 앞으로도 나는 이리 혼자 떠들겠지. 그 외에는 미래가 그려지지 않아. 실은 내 미래는 보이지 않아. 꿈꾼다는 것도 사치스러워. 존재를 바라는 게, 희망을 품는 게 죄스러워.

손끝을 두서없이 잘라내고 싶다.

아무도 용서하고 싶지 않지만, 내 용서를 바라는 이는 없다.

2021년 6월 18일

사람 속 긁는데 일가견이 있다는 건 누구에게 자랑할 수 있을까. 엄마와 아빠 중 누가 물려준 못돼먹은 성격일까. 집에 내려오면 나는 한없이 약해진다. 아빠가 엄마에게 쏘아대지 않았으면 좋겠고 엄마가 제발 싸울 일을 만들지 않았으면 좋겠다. 지킬 수 없는 약속만 가득하지 않냐며 몇년 전 편지를 건네는 손길을 무안하게 만든 사람은 어디의 누구였는지. 엄마는 늘 주지 못해 안달 난 사람인데 정작 받는 내가 행복하지 않다.

어제는 너무 슬퍼서, 외로워서 제발 연락할 사람이 하나라도 나타났으면 바랐는데 아무도 돕지 않았고, 나타나지 않았다. 나는 이렇게 고독사할 운명인 것이다.

무엇이든 해보라는 재촉에 정말 손목을 내리찍고 싶다. 갈기갈기 찢겼으면 좋겠어. 상어한테 팔 한쪽을 주고 그대로 자유를 얻고 싶다. 자살하면 보험금이 안 나올까 걱정했는데 어쩔 수 없다는 생각도 든다. 애초부터 이들은, 그러니까 우리는 돈을 벌 주머니가 튼튼하지 않았던 거지.

"언제까지 그럴 거야. 사과했으면 됐잖아."

당신의 사과로 모든 게 되돌려진다면 참 좋을 텐데 나도 내가 왜 이리 꼬인 줄 모르는데 외부인인 당신이라고 알까. 나도 모르는 내 속을 당신이 감히 헤아릴 수 있나. 나는 아마 고독사할 예정이다. 사라지는 것도 나쁘지 않다는 생각을 자주 한다. 사라지는 것. 모두 다 벌어지는 것. 모두의 시야에서 뒤로 물러나는 것.

2021년 6월 25일

언젠가 남을 이들을 위한 기록이라는 것은 기만이다. 내 몸 하나 간수 못 하면서 기록하겠다는 건 어불성설이야. 나는 머릿속 모든 생각을 옮길 자신도, 기력도 없거든. 아침에 바나나와 초콜릿을 먹고 여태 빈 속이니 토할 것 같다. 위산이 역류하는데 먹고 싶지는 않아. 첫째로 시간이 늦었거니와, 살이 붙으면 더 경멸할 테고, 그건 이미 나에게 지겨운 논쟁이니까.

몸을 챙기지 않는 나를 엄마가 한심하게 여기든 말든 말이야. 그에게는 이미 실망스러운 결과물이지 않은가. 끊임없이 지적하는 내 눈이 신경 쓰여 차라리 눈이 쑥 꺼지게 눈을 칼로 찍어버리고 싶어.

2021년 7월 16일

뭐가 좋은지 도무지 결정할 수 없어. 일기도 블로그도 트위터도 인스타그램도. 내가 하는 일이 옳다는 확신은 어디서 나올까. 나를 드러내는 일이 필요한지도 의문이다. 글쓰기 수업에서 제자리걸음하는 느낌을 받는 것도 어쩌면 당연한 일인지도 모른다. 눈물이 나서 마음이 괴롭다는 생각을 했어. 엄마, 나는 버러지인가 봐.

2021년 7월 28일

올림픽이 시작됐다. 개최 여부조차 모르다가 느닷없이 개최식이 역대급으로 망했다는 소식부터 접했는데 선수들 경기를 가만 지켜보게 된다.

2021년 8월 25일

내리막길을 내려오는 내내 브레이크를 밟은 오른발에서 슬금슬금 힘을 풀고 이대로 콱 가드레일에 박고 싶다는 충동과 싸우며 집으로 향한다.

2021년 9월 2일

그냥 다 죽어버렸으면 좋겠다.

2021년 9월 2일

숨이 막힌다. 혀가 천장을 벗어나 목구멍으로 스스로 미끄러져 구멍을 막고 이내 헛구역질만 나오는 것을 마스크 안으로 몇 번이나 반복한다. 온몸이 가렵다. 정신이 회까닥 넘어갈 것 같아. 목 뒤는 아프고. 뻣뻣하게 굳은 게 꼭 사후경직이 온 시체 같다.

2021년 9월 3일

약속에 늦지 않았던 적 있나. 기다리는 사람을 실망시키고 이내 그의 거부 목록에 오를까 두려움에 벌벌 떤다. 치과 예약에 어김없이 늦을 것 같았고 그들에게 사과하고 싶지 않아서 그냥 예약을 취소했다.

목적 없는 산책은 내게 불가능하게만 느껴지는지 솔아에게 산책길을 물어보고 결국 갑을문고에 들렀다. 즐거웠냐면, 글쎄. 내가 이런 걸 좋아하지 않는다는 사실을 깨닫는 기회였다.

누군가도 할머니댁 길에서 우리집까지 걸어오면서 무서운 곳인데, 창자 뜯기겠다는 상상을 할까?

큐레이션이 좋은 것 역시 그들이 아는 게 많아 보인 거다. 내 눈에는 아무것도 안 보이더라.

즐겁지 않다. 도망치고 싶다. 나가고 싶다.

내 기록을, 존재를 불지르고 떠나고 싶어.

2021년 9월 30일

아무런 말을 하고 싶지 않은 날들의 연속이다.

2021년 10월 12일

기어코 라식수술을 했다. 총 290만 원. 아이를 임신한 산모처럼 혹여 눈에 나쁜 일을 하게 될까 두려워 이 일기도 어둠 속에서 작성한다. 우습지. 날 때 가진 것을 고이 할 생각은 못 하고 이렇게 타인의 손을 빌려, 노동력과 시간을 빌려, 되찾은 것에만 진정한 가치를 두는지.

.

누가 함께 하지 않아도 충분히 돌아올 수 있는 길이 없다. 수술이라는 거창한 이름을 붙였지만 시술에 가까울 만큼 짧은 시간을 소요했고, 부위가 눈이라 조금 살 떨리고 인생 첫 수술대라 낯설었던 것뿐. 전부 괜찮았다. 다른 날들과 다를 바 없는 시간이라고 생각하면, 전부 괜찮지 않을 수 없었다.

2021년 11월 9일

일기를 쓸 때는 늘 막막함이 앞선다. 머릿속을 가득 채운 이야깃거리를 쏟아내려 펼친 백지는 고요해서 이대로 머물고 싶다. 눈을 감고.

아이들을 강하게 키운답시고 떨어뜨려 놓은 지가 벌써 십수 년이 지났네. 우리 아이들이 이렇게 예쁘고 건강한 사고로 잘 컸는데도 부족했던 애비가 욕심으로 강한 아이들로 키우고자 절벽 아래로 밀었어도 그걸 참고 묵묵히 오르느라 무척 힘들었겠구나.

아빠, 저는 사실 아빠가 이 뒤에 뭘 더 보내실 줄 알았어요 그래서 기다렸는데 하루가 지나도록 뒤에 뭘 더 안 보내시길래 혼자 뭐지? 뭘까? 하고 의아했었어요

아하. 그날 가게에 아빠 혼자라서 그것도 두 시간은 쓴 것 같아. 거기까지 적다가 빈이가 너무 기다릴 거 같아서 보내고는 잊어 버렸네.

2021년 11월 11일

이곳에 쓰는 모든 이야기가 나로 시작되길 바랐지만 어느새 대부분의 이야기가 엄마로 시작한다. 엄마를 마음에 품고 보내는 날들은 아마 그가 내가 가장 지켜주고 싶은 존재이자 나를 가장 아프게 하는 사람이기 때문일까.

엄마,
살면서 둘에서 네 명 정도의 믿고 의지할 사람이 있으면 된다는 글을 읽었어. 전이라면, 우리가 서로에게 전화하길 주저하지 않던 그때라면 아마 난 주저않고 엄마를 우선으로 꼽았을 거야. 그러나 지금은, 우리가 상대의 이름 아래 열한 자리 숫자를 화면에 띄우면서도 선뜻 통화 버튼을 누르지 못하는 지금은 엄마에게도 나에게도 포함되지 않는 이야기겠지.

엄마,
내가 이번에 영주에 가는 건 그래도 엄마아빠의 품이 늘 그립기 때문이야. 세상이 나를 검지 끝으로 밀어낼 때 돌아갈 곳이 오직 엄마아빠 품밖에 없는 것처럼 아른거리는데 이제 그 품도 내 몫이 아닌 거지? 발 한 번 삐끗하면 나락인 절벽 위를 걷고 있는 것도 아닌데, 나는 왜 이 모양일까. 엄마를 조금 더 생각하고 배려해야 하는데, 왜 겨우 이런 인간이 됐을까. 미안해.

2021년 11월 19일
소슬,
그래. 너에게 그런 이름이 붙어 있었지. 내가 그냥 윤가의 장녀가 아니듯 너도 한낱 일기장에 지나지 않는 존재가 아니었어. 부모에게서 멀어지고 형제에게서 뒷걸음질치고 그대로 세상이 나에게 문을 내리는 것 같을 때 네 이름을 입안에서 굴리기도, 아무것도 허락하지 않았다는 자괴감에 허우적거리며 네 이름에 저주를 실어 날리기도 했어. 겨우 허상이란 생각에 말이야. 시간이 지나도 나아지는 게 없어.
그나저나 나 왜 여기서 시간 보내니. 아, 노래 너무 정신없어.

.

카페에 10시가 좀 지난 시간에 들어와 3시가 넘도록 앉아 있다. 졸려서 쓰러지고 싶은 마음과 사회적 체면 같은 건 냅다 버리고 몸을 누이고 싶은 충동과 싸우고 있다. 아파트에 주차한 차로 돌아가 눈을 붙이는 것이다. 그런데 그건 또 얼마나 꼴사나운 짓일까.

2021년 11월 25일

사람들은 스스럼없이 다가와 "니하오! 곤니찌와!" 인사했고 뒤로 빠지는 걸음이 괜히 엉켜 엉덩방아를 찧지는 않을까, 나를 조롱하는 사람들에게 더 큰 웃음거리를 만들어주는 게 아닐까 두려운 날들이 있었다.

2021년 12월 2일

괴롭다. 괴롭다. 서럽다.

2021년 12월 9일

사랑하는 동생, 서준에게
네가 마지막으로 받은 편지가 언제였는지 기억나니? 혹 기억한다면 내 글씨체가 그때와 조금이라도 달라졌을까, 발전이 있었을까 궁금하네. 너처럼 또박또박 쓰는 게 아닌 한껏 날려쓰는 글씨인데도 벌써 손목이 아파 펜이 점점 기울어진다. 곧 종이 위에 펜촉이 누워버리겠어.

네가 군대에 있는 동안 꼭 한 번은 편지를 써주리라 다짐했는데, 그런 다짐들이 으레 그렇듯 얼른 풀어내지 않으면 여태 소화하지 못한 슬픔처럼 내 몸 바닥에 가라앉아 숨통을 조인다. 이제 조금 숨쉴 맛이 나네. 자유로워. 그래, 너 좋으라고 쓰는 편지가 아닐 거라고 미리 얘기하는 거야. 온전히 나의 자유를 위해 작성하는(해소에 가까운) 편지니 나에게 기대하는 내용이 있었더라면, 그런데 없을 것 같아, 너는. 왠지 그런 기분이 드네. 어쨌든 이 편지를 쓰는 오늘은 21년 12월 9일, 목요일이야. 나는 오늘 아침부터 기분이 좋지 않았어. 삶을 어떻게 꾸밀 거냐고 네가 물었지. 나는 모르겠어, 서준아. 한동안은 마치 남의 것을 사는 것처럼 그저 멍하니 시간을 보내기만 했는데 지금은 발등에 떨어진 불이 느껴져. 뜨겁고, 자리를 얼른 뜨지 않으면 저 발치의 불덩어리가 내 머리카락 끝까지 홀랑 잡아먹고 말 거라고. 두려운데 내가 움직이는 게 두려워서 정말 또 자유로이 움직여도 그래, 그렇단다 서준아. 너한테 아무 얘기도 할 수 없을 것 같아.

나의 구멍에 너를 빠뜨릴 수는 없잖아. 우리는 이렇게 고립되는 게 아닐까 두려워.

머리가 지끈거려. 응당 흘려보내야 할 사소한 일들은 손으로 흐름을 막아두고, 바위에 새길 것들은 모래 위에 새겨 파도에 모조리 휩쓸려 나가고 말았어.

사는 게 왜 이리 엉망일까. 내가 미운 만큼 날 사랑해 줄 누군가를 찾지만 이미 알고 있어. 스스로 저버린 사람은 빛을 잃는다는 사실을 말이야. 나는 가라앉고 말 테지. 그래. 그런데 왜 죽지 못해 여즉 살고 있을까. 무얼 희망하며 '오늘'도 눈뜰까.

2021년 12월 17일

내일도 몹시 추울 거라고 사람들이 으름장을 놓는 날은 실제로도 춥다. 과장은 없을, 오로지 타인의 안위를 위하는 온기.

눈을 뜬 순간부터 정신이 없었다. 씻고 자지 않은 날은 꼭 새벽에 피부를 위해 마지막 힘까지 짜내지 않았다는 죄책감으로 눈을 번쩍 뜬다. 뒤늦은 후회와 반성으로 엉기적거리며 일어나 얼굴을 씻고 이와 새로 맞춘 교정기를 칫솔모로 닦고 다시 누웠다. 나를 부르는 목소리에 놀라 일어나면 평일 아침이다. 단이는 오늘 침대를 벗어나려는 나를 두 번이나 붙잡았고, 그렇게 단이 기상 시간까지 침대에 붙들려 내 아침 계획을 날려 보냈다. 세탁기는 또 탈수를 제대로 하지 못해 몇 번이나 돌아가며 시간을 낭비했는데 이제 겨우 아홉시다. 나는 이제 돌침대에 들어가 거친 숨을 내쉬며 수긍한다. 어쩔 수 없다. 이렇게 보내야지. 어쩔 도리가 없네.

2021년 12월 18일

낭패다. 내가 갇힌 곳이 연옥이라는 사실은 알고 있었지만 인지는 상황 개선에 영 도움이 안 된다. 웃긴 글을 보고 웃고, 슬픈 글을 보고 운다. 짖으라면 짖고 물라면 문다.

"좋아하는 일을 찾는 게 쉽지 않더라도 그렇게 해야 돼요."

선생님, 그건 사치가 아닐까요. 다들 그런 거 모르면서도 잘 살고 있잖아요. 병원 가는 것도 잦으니 줄여야겠다는 말을 듣고 난 그렇구나. 내가 또 잘못했네. 결론 지으면 되나.

2021년 12월 29일

소슬,

나는 언제나 이상하고 외로운 사람일 거야.

22年 8月 27日
노을,
네 이름을 부르는 일이 가슴스럽게 느껴져. 내 필요에 의해서만 언제라도 자기희생적인 듯 해병에 또 가장 가볍고 본 이름뿐인 네게 이해되며 빼앗은 것 같은 미강이 들기 때문이다.
나는 아빠의 최벌바라 일찍 눈이 머것들까.

22年 10月
할머니, ← 언니
생각해 보면 저를 위해주기만 하시장은 할머니뿐이었기요.

22年 10月 30日
어릴때 에 사는건가 왜 대해 라는 것은 스스로에게 던져 한다. 나는 도대체 뭐 위해 죽지 않는건가 이땅 무슨 미련이 남아 부모와 혹은 그런 친척에게까지 검을 자우본가. 내 축음으로 협박본 일 상도 네 목숨이 오날이 있게 한 목숨이 예전속에 네입에 울것다. 우은 해야

22年 11月 1月号
有时候我怀疑我自己存在的理由。人家都问我父母我到底在干吗。我不知道我父母 食令我父母很失望。

0221105

-늘,

어제 수원 병원에 다녀왔다. 나는 몸 랜람이라대
()이 더 심히 없었지만 심은 ·께 나의 ()이 아빤까,
더 나아질 수 없을까 상담을 마친후 에 상담사간

용섭하며 한글로 윷부할 수있가 한단다.

()원데 상양은 깨 예를들어 이라까지 흘거더 별리만
()네 도착한 곳인 감각 돌아보기다.

() 굴이 내 내가 그런 감정을 대신두리 ()
()자 몰랐던 방을 알을것.

2022

2022년 3월 5일

소슬,

돌고돌아 내게 기어코 남은 이름은 네 것밖에 없어. 너에게 할 수 있는 이야기는 한정됐지만 그건 네 탓이 아니야. 풀어낼 이야기가 이것뿐인 내 탓이지. 외롭다는 건 사치지. 나에게는 과한 감정이야. 이것도 으스러지리라는 걸 알아. 내 몫을 견디면 그들도 자리를 벗어나지 않고, 누구 하나 이탈하는 일 없이 이 고비 또한 넘겨낼 거야.

2022년 4월 3일

"하지만 불가능한 것을 꿈꾸는 사람들은 꼭 해야 하는 상황에서 얼마나 멀리까지 나아갈 수 있는지 압니다."
"할 수 있어. 자, 나 자신. 마지막 모험이라고."

2022년 4월 4일

눈물을 흘리는 대신 팔목을 긋거나 목을 긋는 상상을 한다. 속으로 숫자를 어디까지 세어야 나를 부르는 목소리가 들려올까. 달려들 수 없으니, 내 우울을 누구에게도 꺼내 놓을 자신이 없으니 꼭꼭 씹어 형체를 잃고 묵사발이 된 걸 방 구석진 곳에 숨겨둬야지.

나도 그 사람처럼 자유롭고 강인한 글을 썼으면 좋겠다. 아무것도 아닌 나는 예나 지금이나 부서지는 글을 쓰며 타인의 몸에 박혀 그의 슬픔에 코를 박고 기생한다.

기생충. 이보다 더 정확히 나를 나타내는 단어가 있을까. 부모의 등에서 여기저기 옮겨다니는 대신 후들거릴지언정 홀로 두 다리에 힘을 주고 서야 하는데, 여즉 그러지 못했다.

2022년 4월 30일

사월의 마지막이다. 끝이라고 하면 언제나 아쉬움을 떨치지 못했는데 이제 놓으려고 노력 중이다. 다 떠나가고 혼자 남아 흘러가는 과거의 조각을 봐야지. 함께 밀려가지 않겠다. 며칠 전 엄마는 장사가 정말 안 된다며 본인이 그런 걸 가져도 되는지 모르겠다 말했다. 자존심 빼면 시체인 사람이 말이다. 그렇다고 아무것도 가지지 않을 것도 아니면서 엄마가 송구스러워했다. 면구스러웠다가 더 맞는 표현일지도 모른다.

2022년 5월 9일

엄마가 보내는 응원의 말이나 글은 늘 서글프다. 아마 내가 어떤 상태인지 그에게 정확히 알려줄 수 없으면서 무조건적인 이해를 요구하니 그럴 테지. 우울하지 않다. 화는 자주 나지만 누구나 그 상황에서 화를 낼 그런 상황들이었다. 모든 게 뒤죽박죽이다. 무너져서는 안된다는데 내가 사라지면 엄마는 무너지지 않을 수 있을까?

그들의 소멸이 나를 겁에 질리게 하면서도 나의 소멸은 그들에게 아무런 의미가 없을 것 같다. 우리가 서서히 할머니의 죽음에서 멀어지고 있는 것보다 훨씬 빨리 말이다.

2022년 5월 23일

나방파리가 돌아왔다. 나방파리. 호칭을 모르기 전에는 그저 눈에 띠면 성가신 녀석 따위까지의 존재감을 가지고 있었는데 정확한 호칭을 알게 된 뒤로는 나방파리를 볼 때마다 소름이 쫙 돋는다. 어릴 때부터 주구장창 외웠던 상식. 나비는 낮에 볼 수 있는 예쁜 벌레. 나방은 밤에 불 옆을 배회하는 녀석. 유해한 녀석. 그런데 나방파리라니. 끔찍하지 않은가.

인터넷에 검색하니 제안하는 방법은 간단했다.

"뜨거운 물을 하수구에 부으세요. 알까지 박멸되게."

하…. 뜨거운 물은 수시로 붓고 있는데 언제쯤 제 시야에서 사라지실는지. 심지어 전에는 이렇게 나방파리 살인마가 되는 건가 자문할 만큼 높은 타격률을 자랑했는데, 지금은 영 시원찮다. 분명 손바닥으로 눌렀는데 어떻게 날아가지요? 저는 영 이해가 안 됩니다. 그들과의 사투는 이어진다.

.

노력하지 않으면 깨지는 관계를 손에 들고 아슬아슬하게 줄타기하고 있다.

2022년 6월 20일

손으로 천천히 적어내리는 건 내 몫이 아니라는 걸 알면서도 해야 한다는 강박을 벗지 못했다는 이유로 꾸역꾸역 책상 위에 어지러진 물건 틈으로 펜이나 연필을 잡아.

사랑하는 아빠,

아빠가 지금보다 우울증이 심했을 때 방에 갇혀 돈만 축내는 저를 분명 싫어하실 거란 의심이 들었어요. 아빠는 분명 나를 미워할 거야, 그리고 기회가 생기자마자 아빠에게 여쭤봤죠. 아빠는 같은 마음은 아니더라도 가끔 그런 생각을 하게 된다고 털어놓으셨죠. 인간이라 어쩔 수 없다면서. 저는 그때 내심 내가 망상한 게 아니구나. 내 우울이 깊어 이상한 곳을 찔러보는 게 아니었어. 생각하며 기뻐했어요.

사람들, 그러니까 엄마는 제가 우울증 때문에 이상한 생각이나 한다는 식으로 얘기했었는데 여기 아니라는 증거가 떡하니 나타났어요. 기쁜 마음과는 별개로 그 답은 이따금씩 튀어올라 수면 위에 얼굴을 기울이고 있던 저를 놀래켜요. 아빠가 나를 미워하겠지. 솔직히 고백하면 중국에 있을 때도 비슷한 생각을 했어요. 카페 같은 곳은 이유(예: 친구) 없이는 갈 수 없단 생각. 내가 그만큼의 값어치가 없단 생각.

최근에 같은 생각으로 두 번 먹을 것을 한 번으로, 이내 한 번도 먹지 않는 것으로 줄었어요. 그런 짓을 반복하다 종내 깨달았죠. 아, 나 그때 상처받았구나. 내심 아빠가 아니라고 말해주길 기대했구나.

제 생일은 늘 실망스러웠어요. 제가 원하는 게 뭔지 도무지 알 수 없으니 실망만 더했어요. 모두를 들들 볶아 생일을 준비시키는데 왜 늘 이토록 불만족스러운지. 저는 도대체 알 수가 없어요. 아빠를 향한 마음도 그래요. 제가 어렵다고 하셨죠? 저는 아빠가, 엄마가, 그리고 서준이가 어려워요. 인간이 어려워요. 사랑받고 싶은데 또 그러고 싶지 않아서 저를 갈기갈기 찢어 공기 중으로 날려보내고 싶어요. 아빠에게 여쭤보면 또 이런 생각은 안 한다고 하시겠죠.
당신의 짐이라 죄송한 딸, 윤영빈

2022년 7월 26일

소슬,

도돌이표처럼 매번 하는 이야기만 떠드는 내 처지를 부디 가엾게 여겨줘. 네가 아니라면, 나는 그 누구에게도 털어놓을 수 없는 이야기만 열어두거든.

차에서 한바탕 욕을 쏟아내고 나니 정신이 들었어. 고작 몇 분 거리를 오가게 해서? 카드를 가져간 건 그 사람인데 챙겨주지 않은 것도 그쪽인데 미안하다 사과하지 않았단 이유로?

"단말기에 꽂혀 있는 카드를 보관 중입니다."

본인이 단말기에 꽂힌 카드를 꺼내주지 않았던 걸 어떻게 그렇게 설명할 수 있을까. 구구절절 적지만 결국 나는 그 사람이 이해되지 않아.

2022년 8월 4일

음료를 한 번 쏟은 일기장에 두 번 쏟지 말란 법은 없어서 볼펜을 사용하자 결심했다. 어제부터 〈열 문장 쓰는 법〉을 읽는데, 반복 연습이 있었겠지만 저자는 자연스레 글쓰기를 터득한 비범한 사람이라는 인상을 받았다.

글을 읽다가도 종종 대체 이 사람은 뭘까, 잡생각이 튀어나와 읽기를 멈춘다. 책이 얇아 금방 읽겠다고 예상한 것과는 별개로 뭔가 배울 게 있긴 할지 염려된다.

광교(병원)에 다녀오는 날이라 기쁜 마음으로 일기를 쓰려 했으나 번번이 실패한다.

2022년 8월 27일

소슬,

네 이름을 부르는 일이 가증스럽게 느껴져. 내 필요에 의해서만 이어지는 관계라서. 자기파괴적인 듯 하면서 또 가장 괴로운 건 이름뿐인 너에게 이름마저 빼앗은 것 같단 예감이 들기 때문이야.

오늘은 어째서 평소보다 일찍 눈이 떠졌을까.

2022년 9월 17일

냅다 갈겨보기로 마음 먹었다. 아직 새것인 공책도 많지만 내지가 이렇게 빈 건 또 없기 때문에.

어제 설거지를 하면서 죽고 싶다는 생각과 동시에 자살한 사람들은 도대체 어디로 떨어졌을지 고민했다.

흔히 자살자들은 제 몫을 다하지 않은 자들이라 어느 종교에서도 그들을 위한 사후세계가 준비되지 않았다고 하는데, 그럼 그들로만 이루어진 세계는 어떻게 생겼을까.

Primary value는 무엇일까. 각자 자살을 결심한 이유가 다를 테니 저마다의 첫 번째가 존재하겠지만 그럼에도 모 공간의 공통된 가치관이 있다면 양껏 누리지 않을까.

2022년 10월

할머니,

생각해 보면 저를 먼저 안아주려 한 사람은 할머니뿐이었어요.

2022년 10월 13일

책상 귀퉁이에 네가 남긴 담배 한 갑과 라이터가 있어. 나는 그걸 어떻게 대해야 될지 마음을 여태 정하지 못했어. 방에 들어오는 이도 없거니와 내 방을 함부로 수색할 이는 더더욱 없는데 누구에게라도 내가 담배와 라이터를 보관하고 있다는 사실을 들키고 싶지 않았어. 그래서 네 물건이 있는 쪽은 특별히 더 어지럽게 방치하고 있지. 마치 네가 변명이라도 되는 양 책상 정리가 되지 않은 탓을 하네.

네가 군대에 가면 나는 아주 많은 말을 할 줄 알았어. 미디어에서 보여 준 누나, 동생은 대부분 그렇잖아. 내가 원체 말이 많은 편이기도 하고. 그런데 나는 하루가 다르게 퇴화하는지 너를 위한 편지지를 고르는 일도, 인사말부터 마지막 내 이름을 적는 순간까지 손에서 떨어지지 않을 펜을 고르는 것도 무엇 하나 쉽지 않았어. 오랫동안 펜을 들고 글자 하나하나 공들여 적는 일에 자신이 없다는 게 가장 큰 이유겠지. 손이 아플 테니 먼저 물러서는 거고.

편지를 적으면 무슨 말을 해야 할까. 지난번에는 내가 뭐라고 적었니. 전혀 기억이 나지 않아. 당장 오늘만 해도 단이가 화장실을 다녀왔는지 기억을 못해서 언니가 방금 단이랑 화장실에 다녀오는 길이라고 알려줘야 했어. 그런 줄도 모르고 얼른 화장실에 가라고 재촉하는 고모가 얼마나 당황스러웠을까. 단이는 그저 싫다고만 했어. 순한 아이 같아. 단이를 가만 지켜보면 참 정신이 사나운데 나는 그럼 나도 이랬을까, 너도 그랬을까 우리의 어린 시절을 상상해. 건너편에 있는 서랍에 손이 닿아야 우리의 어린 시절을 추억할 수 있을 텐데 최근의 나는 어느 서랍에도 손이 닿지 않아서 그냥 모든 게 흘러가는 걸 지켜봐. 아직까지 떠올릴 수 있는 추억들은 내가 손에 꼭 쥐고 반복해서 들여다 보는 것들뿐이야. 빈아- 부르시던 할머니의 목소리, 어느새 작아져 내가 품에 폭 안기던 할머니의 체구, 지친 기색이 역력한 얼굴로 병실에서 누워 계시면서도 너는 언제 도착하냐 물으시던 할머니의 모습. 할머니는 조금 더 오래 계실 줄 알았는데. 나는 정말 할머니가 우리 둘의 결혼식까지 모두 참석하실 줄 알았어. 동주, 동욱이에게는 미안하지만 그 애들의 미래에는 할머니가 안 계실지언정 우리에게는 확실히 자리하실 거라고 믿어 의심치 않았어. 그리고 이제 내 기억마저 희미해져가, 서준아. 누나는 그게 무서워. 그래서 네가 문신을 새긴다는 결정을 반복해서 밝힐 때마다 나도 할머니를 새기고 싶다는 생각을 해. 조금 치기 어린 생각이지? 겁이 많아서 피 뽑는 것도 겨우 하면서 말이야.

나는 아주 오랫동안 너와의 관계에 대해 생각해 왔어. 네가 모르는 곳에서 나는 혼자 너를 밀어내고 당기고 끊어내고 어설픈 바느질 솜씨로 이어붙여.

2022년 10월 30일

며칠째 왜 사는 건가라는 질문을 스스로에게 던지는 중이다. 나는 도대체 왜 여태 죽지 않은 건가. 이 땅에 무슨 미련이 남아 부모와 동생 그리고 친지에게까지 짐을 지우려는가. 죽음으로 협박을 일삼는 거냐 물었던 그날 엄마의 목소리가 머릿속에서 왱왱 울린다.

2022년 11월 1일

有时候我怀疑自己存在的理由。人家都问我父母我到底在干嘛。我早就知道令我父母很失望。

2022년 11월 5일

소슬,

어제 수원 병원에 다녀왔어. 나는 모두 괜찮아지리라 믿어 의심치 않았지만, 실은 이게 나의 최상이 아닐까 더 나아질 수 있을까. 상담을 마친 후에 상담 시간을 곱씹으며 한 줄로 요약할 수 있어야 한단다.
목요일의 상담은 여러 예시를 들어 이리저리 옮겨다녔지만 종내 도착한 곳은 감정 돌아보기다.
가만 앉아 왜 내가 그런 감정을 느꼈는지 자문하고 답을 얻을 것.

2022년 11월 9일

차라리 손목을 그어볼까, 같은 엄마가 들었으면 휙 시선이 꽂힐 생각이 불쑥 고개를 든다. 문고리에 목을 맸을 때는 그렇게 해야겠다는 일종의 확신이 들었는데 이번에는 손목을 자르면 속이 개운할 것 같다는 근거 없는 자신감이 생긴다. 사람들은 왜 아무것도 안 하냐고 묻는다. 큰돈 들여 멀리 유학까지 보낸 딸이 여태 집에 있다는 사실이 딸을 어떻게 흔들까 부모님은 낯빛 한번 바꾸지 않고 딸아이가 공부 중이라는 핑계를 내 몸에 칭칭 감아 나를 숨겨버린다. 나를 숨겨야 한다는 사실이 부끄럽다. 나는 아무렇지도 않았는데, 내가 나도 모르는 사이 정신이 좀먹어갈 때 사람들은 내 외향이 한결같단 이유로 나를 패배자 취급한다. 가족도, 나도.
패배자. 트랙 위에 발도 올리지 않고, 등 뒤에 바싹 붙은 것은 창에게 선뜻 몸을 내어준다. 부모가 보기에는 얼마나 한심할지. 아빠가 그렇게 생각하리라고는 예상했는데 실제로 그의 목소리를 빌려 들은 그렇지 않다면 거짓말이라는 확인 사살은 꽤 오래 갔다. 나도 내가 싫은데 당신들이라고 어쩔 수 있겠어.

2022년 11월 10일

소슬,

매번 네 이름을 부르며 시작하는 일기가 이따금 지겨워. 네 이름은 자주 사라지고 돌아오는 방탕아 같아. 아무말 할 수 없어 괴로운 새벽이었는데, 아마 호르몬의 영향 때문일까.

2022년 11월 12일

소슬,

죽고 싶다는 말이 더는 이런 삶을 지속하고 싶지 않다는 뜻이래. 나는 그걸 여태 두 가지 방식으로 사용했거든. 1. 이렇게 살고 싶지 않다. 2. 살고 싶지 않다. 때로, 아니 종종 손목을 그어보고 싶은 충동이나 배를 명치부터 배꼽까지 가르고 싶다는 충동에 시달리는데, 이건 어디까지나 내 망상에 불과하겠지. 이제 죽음 따위는 머릿속에서 싸그리 밀어냈나 봐. 도리어 그 생각에 매몰된 나를 이상한 사람 취급하시네.

오늘도 그랬어. 아파트 입구 오르막길을 오르면서 콩벌레처럼 둥그렇게 허리를 말아 세상에 소리를 던지고 싶었고, 아무렇지 않게 모든 일을 나의 부주의함으로 돌리거나 죽음으로 도망칠 생각에 미래 같은 건 아무래도 좋다는 내 말에 이제는 생각해야 될 때라는 말을 하는 얼굴을 보며 유리잔을 깨 머리를 긋고 싶단 충동에 시달렸지. 나를 걱정해주는 사람들 말이 틀릴 게 뭐가 있겠니. 그저 작은 그릇의 옹졸한 인간이라서 그렇지. 그런데 나는 가끔 지금까지 죽지 않고 살아 숨쉬는 내가 가증스러워. 모순이지 않아? 죽을 거면 왜 얼른 죽지 않고 또 타인의 눈물을, 삶을 촉수처럼 빼먹을까.

협박이라도 하고 싶은 걸까, 이 비열한 실패자는.

2022년 11월 15일

소슬,

사람이 사람을 그리워하며 밀어낼 수도 있구나. 손끝으로 내 사정권 밖으로 밀어냈으면서 어깨에 둘러질 팔이 없어 두 팔은 교차해 두른 꼴이 제법 우스워.

2022년 12월 10일

소슬,

평범함을 가장한 노력가를 만났어. 작가 마스다 미리. 꾸준히 노력하는 사람은 기회를 잡고 그걸 발판 삼아 전진하는구나. 과거를 곱씹는 것만큼 시시한 일은 없다고 생각하면서 나는 내 과거를 놓지 못해.

2022년 12월 11일

소슬,

잘 살기 위해서 오늘은 부지런히 약을 챙겨먹었어. 며칠을 바닥에서 주울 생각도 못한 옷도 정리하고 시간 맞춰 씻고 왔어.

2022년 12월 12일

소슬,

나는 속이 좁은 사람이야. 내 미움이나 그때 내 선택과 상황이 어우러져 상대가 끝내 수용했던 결과를 어째 건드려 보지 않고는 견디지 못할까. 내가 싫어. 겨우 이런 게 나라니 내가 너무 싫어. 날 못 견디겠어.

2022년 12월 15일

소슬,

이 일기를 쓰는 지금은 새벽 열두 시가 넘었어. 어제 무얼하며 시간을 보냈냐 추궁할 수 있겠지. 나는 또 열심히 도망쳤어. 보일러를 돌리지 않는 내 방은 몹시 추워서 손이나 발을 겨드랑이나 무릎 뒤에서 꺼내고 싶지 않아. 그래서 전기장판 온도를 3단계에 맞추고 잠에 들었지. 자소서를 고치고 지원할 회사가 있나 공고를 확인하고 블로그를 준비하고 내가 해야 할 일이 눈더미처럼 불어나는데 나는 괜히 엄마와 아빠를 떠올리며 오른 손목을 그을까 고민했어. 그래도 따듯한 물에 잘 씻었다. 위안은 온수에 노곤하게 녹은 몸뿐.

2022년 12월 21일

소슬,

문득 내가 원하는 삶을 이루고 있다는 생각이 들었어. 귓가에서 죽고 싶다는 속삭임이 들려도 내가 하고 싶은 대로 사는 거야.

아무도 나에게 그리 살지 말라 이야기하지 않았지만, 아니야. 이건 거짓말이야. 얼굴만 알고 있는 사람들부터 내 탄생부터 지켜봐온 이들까지 모두 내 인생에 입을 댔어. 그렇게 살면 시궁창일 거래. 구질구질하대.

뜬금없지만 구질구질하다는 말 자꾸 곱씹으면 꽤 고소하다? 무슨 심경으로 그런 생각에 다다르고 던진 표현인지 이해가 돼. 사회성이랄까. 상대를 배려하지 못하는 부분이니까 구질구질하겠지. 분위기를 죽이잖아. 참아야 하는데.

.

눈이 오니 서둘러 나가 천천히 운전하라는 톡에 정신이 들었다. 눈. 눈이 내리는구나.

2023년 9월 1일 금요일
금요일 같지 않은 휴일이란 표현이 생생한데 다가온 오늘

2023.09.24. 일요일.
노트북 + 녹건기돌, <내일, 내일 또 내일>

2023.10.22. 일요일
뭐든 해야한다. 그러나 무얼 해야 할지 모르겠다. 그래도 살아야겠지요?
자살을 내내 생각합니다. 저는 저를 좋아할수 있을 것 같지가 않고, 앞으로
나아갈 수도 없을 것만 같습니다. 뒤로 물러설 수도 없습니다. 제 뒤로 발을
걸음을 재촉하지 않는 자들을 한입에 삼키는 어둠이 있어요. 뒤로 물러설 수도
앞으로 나설수도 없는 저를 누가 반길까요? 아무도.

Just keep going. Walk away.

2023.10.25. 수요일
목폴라를 두 벌 샀다. 카디건도 하나 살까 고민했지만, 이건 아빠 돈이다. 밤만
되면 아침잠을 맞은 것처럼 쓰러지는 사람이 버는 돈인데 그러면 안될것 같아
노상에서 걸어가다 머엇쑥을 울렸다.

2023/11/30/목요일
엄마에게 전화하면서도 그가 날 번거러 않을것을 잘 알고 있는
사람이 어찌쯤 고르지 않을까 궁금하다. 어떻게 해야 이들에게
벗어날수 있을까 공통한 얘기 없었다. 며칠 사람들과 함께
있었고 애로 걸리는 못받은 엄마가 (연락해도 함께 있는 걸 보니
괜찮은가 봐다) 비상 약이 나왔는지 이제는 저녁을 삼키
먹더 가면 길에서 경희 니를 드셨다.

도박 같은 자신이 나 다의 사랑라는 비트러 있는 이해는 는어
죽었다. 건, 이바면 기뻐울까. 이야기를 들을 입장에서는 늘
거있거만 오늘것다 왜가 1만층가나 더 아픈 알고 있구나.
엄마는 내 옥 같은 건 영영 오늘날 없잖는데. 일래부터
나도 이렇게 가까운 곳에서 들어다 본 사망한 거야. 그런데
내 나는 예정히 죽음을 생각하느니 나도 오라겠다.

20231212
뭐얼 적으려고 했다가 치우자 싶어 그만했다.

2023

2023년 1월 14일

편지는 참 재밌어. 상대의 반응을 기대하며 보내는 입장에서 나는 to와 from 모두 즐겁거든. 편지를 받을 누군가를 위해 쏟는 마음, 시간, 에너지 그리고 시간을 두고 닿은 마음이 건드릴 마음까지. 때로 그 사람의 의도 대신 내 입장에서 멋대로 새로 쓰는 문장도 있지만, 그런 게 편지의 매력이라고 생각하며 즐기는 편인데 오늘은 그냥 즐거웠어. 선물을 잔뜩 받아서 이 흥분을 쉽사리 가라앉히지 못하는 걸 수도 있겠다. 좀 속물처럼 보이려나. 타인이 마음 써줬을 때 감동하는 법만 배운 나는 그저 감동이다….

사실 하고 싶은 이야기가 참 많았는데 정신을 차리면 늘 이런 식이야. 내 손에 있던 실은 어디 가고 중간에서 길을 잃어버려. 아, 모든 이야기가 좋았지만 당신 꿈 이야기가 가장 흥미로웠어. 꿈을 재밌게 여기는 반응도. 나는 소위 개꿈이라고 불리는 것들만 만나거든. 귀신이나 좀비나 아니면 테러리스트 뭐 이런 당장 내 현실에서 조우할 일 없는 상대가 주된 소재야. 현실의 사람을 불러들이면 꼭 울면서 깨기 때문에 그들이 나오지 않는 편을 선호해. 그런데 만약 그 친구가 여자였더라면, 어땠을까 궁금은 하다.

나도 주기적으로 꾸는 꿈이 있는데 이 꿈은 꾸고 있을 때만 알 수 있어. 지난번과 이어지는, 반복되는 꿈이라는걸. 어쩜 나는 자각몽을 꾸는 것 같아. 자각몽이면 나의 세계니 창조주처럼 조종하는 사람들이 있는 반면 나는 현실의 내 힘을 아니까 막 공격하려고 팔다리를 뻗으면 해파리처럼 흐물거리는 느낌이 들어. 어때? 어떤 느낌인지 전달이 됐을까나. 무력감을 잔뜩 느끼기 때문에 꿈을 기억하는 일이 퍽 불쾌해. 그래도 꿈을 기록하는 일은 재밌어서 지루한 오늘을 반복 중이라면 내심 꿈을 기대하지.

좀처럼 밖에 나가고 싶지 않은 사람이라서 바깥 공기를 잔뜩 묻히고 들어온 선물이 아직 콧구멍을 간지럽혀. 손바닥으로 입을 꼭 틀어막아도 웃음이 실실 새어 나오네. 진심으로 고마워.
당신의 소원인 취업과 친구와의 여행을 빌며, 나의 소원도 함께 넣어.
2023년 최대한 즐기며 건강하기! 새해 복 많이 받아!

2023년 1월 17일

"빈아…"

이름 뒤 점 세개가 찍히는 상황이 달갑지 않다. 질책보다 처연에 가까운 느낌. 비애일까.

2023년 1월 20일

정해진 일정 따위를 떠올리면 습관적으로 그때까지 살아있을까 하며 주저했다. 살아 있을 수 있을까? 없을 수도.

오랜만에 방문한 집에서 얼른 취업하라는 재촉을 듣고 옥상에서 뛰어내릴 수도 있는 법이고, 단이를 데려다주고 돌아가는 길 매번 위태로운 충동을 부추겼던 내리막길에서 그대로 쭉 미끄러질 수도 있는 것이다. 혹은 반대로 내 의지와는 무관하게 타고 있던 버스가 다른 차에 박힐 수도 있는 것이고.

.

〈깔짝꺼린〉

어떤 기록을 남기고 싶었던 모양인데 안타깝게도 〈깔짝꺼린〉이란 제목을 제외하면 아무것도 적지 않았다. 놀랍도록 나다워.

2023년 1월 29일

소슬,

그래서 이제 뭐라도 좀 했으면 좋겠다는 말은 사실 당연히 맞닥뜨릴 수밖에 없으면서도 막막한 벽이야. 죽겠다는 날들. '오늘은 죽을 수 있겠다'가 아닌 '오늘은 죽겠다, 죽어버릴 수도 있겠다'는 날들이 있었는데 여태 살아 있잖아.

아무것도 하지 않고 오늘을 견디는 게 내 최선인 날들이 있었는데 그래서 너는 뭘 하고 있었냐고 물으면, 너는 뭘 할 거냐고 물으면 뭐라고 해야 하지.

What struck me first is that my struggles are beneath the surface that nobody notices; yet, I cannot take my head away from it, forced to watch from the beginning to the end, with my head fixed, unable to move.

I wish you were dead. I know I am bad. I am already aware of it. However, I cannot resist thinking of it: will I cry freely guilty of your death?

.

앞으로, 위로 가는 게 아니라 빙글빙글 제자리걸음하는 요즘.

2023년 1월 30일

소슬,

또 네 이름만 부르다 아무것도 남기지 못했네.

2023년 2월 5일

나는 고구마를 좋아해. 피자는 고구마 또는 감자 피자가 제일 좋고, 음료는 고구마라떼를 마시네. 스캐터북스에서 고트(고구마+오트우유)를 주문해서 마시고 있는데 입에서는 고구마 줄기가 돌아다녀. 순간 기분이 불쾌했다가 곧 괜찮아졌어. 어쩔 수 없는 부분이니까. 그리고 내가 고구마를 좋아해서 더 괜찮네.

저녁은 마이클식당에서 치킨 카차토레를 먹었어. 항상 약간 자극적이라고 생각했는데 여전하더라. 내가 좋아하는 공간이고 따라하고 싶은 분위기의 두 사람인데 뒤에 대기하는 사람들 덕에 숟가락질을 채근하면서도 문득 왜 이들을 좋아할까 궁금해졌어. 알 수 있을지 모르겠지만.

좋아하는 것들을 나열해 볼까.

나는 나무를 좋아해. 원목이 좋아. 겨울을 좋아해. 맑게 웃는 사람이 좋아.

검은 머리칼도 좋아. 올곧게 하늘 위로 가지를 뻗은 나무. 잔뜩 쌓여 있는 책. 손 한번 닿지 않아도 나를 기다리는 책. 하지만 나를 사랑하는 건, 좋아하는 건 뭐가 있을까. 아무도. 아무것도.

어제는 이대로 죽는 게 아닐까 고민했어. 우스운 일이지. 죽을 것 같던 날이 나를 그대로 통과해서 이제 죽겠다 싶은 순간들이 연신 나를 두드려. 머리통을 콩콩 내리치는 데 아아. 문이 열릴락 말락.

2023년 2월 16일

울어도 아무 소용 없다. 그냥 우는 것이다.

2023년 2월 26일

무슨 말을 할 수 있을까.

디올에서 섀도우를 구매했는데 엄마는 반짝이가 영 신경쓰였는지 다른 걸로 바꾸려 마음을 새로 먹었다. 무얼 고르는 일은 옳은 결과, 후회 없는 혹은 최소한의 후회가 남을 길을 찾는 것과 같기에 고민에 고민을 거듭하며 몇 년을 함께할 제품을 고르는 일은 나쁘지 않았다. 그저 이것들의 차이가 무엇인지 궁금했을 뿐.

2023년 3월 17일

앞이 보이지 않아. 막연히 앞에서 호명하는 소리에 의지해 앞으로, 적어도 그렇다고 생각하면서 헤쳐갔다. 끝이 보이는데, 정말 이후에 어떻게 삶을 개척할지 더 큰 두려움이 덮친다. 내내 오들오들 떨며 울었는데 이대로 괜찮을까.

매번 이런 식이다. '너 때문인 것 같아.' 생각을 조금 달리하면 내 탓일 수도 있다. 내가 원인 제공자일 수도 있는 법이다. 내가 완전무결할 필요는 없지. 왜 이렇게 화가 날까? 도대체 왜? 모르겠다. 이 감정의 이유를 나는 모르겠어. 뭐라 이름 붙일지도.

2023년 3월 24일

끝. 끝. 끝. 시작. 시작. 시작.

출판 학교를 수료했다. 수료증도 줬어. 이제야 뭔가를 알 것 같은데 아쉬워라. 본격적인 구직 활동이 시작됐다.

2023년 3월 31일

나란 인간도 참 나다. 어째 일주일 만에 펜을 들고 한다는 소리가 "아무것도 못 참겠어요"라니.

2023년 4월 6일

소슬,

네 이름을 언제 처음 불렀더라. 누가 붙여준 이름이었더라. 아무것도 기억하지 못하면서 네 이름을 여태 마음에 품었다가 어디에 뒀는지 찾지도 못하다가 또 어느샌가 내 손 위에 올려뒀어.

2023년 5월 6일

특기는 기대를 품고 나에게 다가온 사람 실망시키기.

2023년 5월 8일

어버이날이라 고민 끝에 엄마에게 전화했다.

상대는 하루가 길어 피곤하다는 말과 함께 통화가 얼른 끊어지길 바라는 마음을 숨기지 않았고, 어버이날을 맞이하여 준비한 선물 하나 없던 나는 눈치 보며 그의 바람을 순순히 들어주는 것으로 어버이날 선물을 건넸다.

2023년 5월 13일

삼촌 생신이자 스터디 모임일.

삼촌에게 생신 축하 전화드리는 것을 잊어버렸고, 스터디는 개같이 망함.

2023년 5월 28일

영양분을 고루 섭취하는 든든한 한 상을 식사로 여기는 사람이 있고 일단 입에 넣기만 하면 그게 식사니 이렇게 한 끼 잘 때웠다고 흘려버리는 사람이 있다. 나는 후자다. 식은 치킨을 데워주지 않았다고 누나는 너무하다고 말하는 동생에게서 무심코 이걸 굳이 데워야 하냐며 방어했을 때 도리어 잔소리가 돌아온 기억이 있다. 코로나로 입국 후 2주 간의 격리가 필수였을 때 방에 갇힌 녀석에게 조금 매정했을 수도. 냉장고에서 꺼낸 음식을 2차 가열하지 않는 사람이라서 몹시 귀찮았고 또 귀찮아서 걔도 그냥 먹길 바라는 마음이었을 뿐인데. 그러고 보니, 나랑 식사를 같이 한 사람들은 하나같이 전자였다.

어떤 날은 살아 있는 게 죄스러웠다. 내가 죽어야 이들이 자유로워질 텐데. 어디서든 아래로 몸을 날려 머리통이 깨지면 음식을 찾아 먹는 이 행위도 마침표가 찍힌다.

2023년 6월 17일

무려 한 달 동안 약을 먹지 않았다. 새로운 병원을 찾는 일마저 일로 여겨져 조카의 등원 후 다시 침대로 기어들어가 오후 3시 혹은 4시까지 내리잤다. 아침에 아이와 함께 있는 시간, 저녁에 언니와 함께 있는 시간 내내 잠에 취해 혼몽했다. 잠에 취하지 못해 안달이라도 난 것처럼, 발을 재촉해 침대로 기어올라갔다.

처음 방문한 병원에서 마스크가 조금 작아 보이는 남자 의사를 만났다. 그는 나에게 우울하다는 사실과 우울할 수도 있다는 사실을 인정해야 한다며 제 흥분에 못 이긴 듯 같은 말을 반복했다. 병원은 우울하고 싶지 않아 방문한 곳이다.

공교롭게도 심적으로 괴로운 이들이 수적으로 많은 곳에 사는 것인지 아니면 모두가 괴로운 시대를 살고 있는 것인지 갈 수 있는 곳들은 많았다.

2023년 6월 18일

이틀 아니 하루 약 먹는 걸 잊었다. 한 달간 약을 먹지 않은 상태는 어떤지 몸소 느꼈던지라 다시 병원에 다니기 시작하면서 최대한 매일 먹으려 노력 중이다. 그러니 하루를 건넜을 때 재발할 무기력을 막기 위해 새벽 두 시에 약을 입에 털어 넣은 걸 결코 나쁘다고 할 수 없다.

2023년 7월

고모를 싫어하기는 한데, 이 스티커는 줄게.
고모는 찌푸린 상이야.

.

사랑을 과하게 받진 않았다. 사랑할 수밖에 없는 집단 속에서 컸을 뿐이다.

2023년 8월 14일

ADHD일지도 모르겠다. 집중력이 떨어진 걸 몸소 체험하고 있다. 삶의 체험 현장 ADHD인들의 하루.

2023년 8월 15일

"미쿠리, 얼마든지 있어도 돼."
- 〈도망치는 건 부끄럽지만 도움이 된다〉

2023년 8월 16일

몹시 자고 싶다. 취침시각 오전 1시 30분 이후. 기상시각 오전 6시 30분. 혼곤하지 않아 다행이라고 해야 할까.
내 뇌는 괜찮은 건가? 걱정으로 일기의 시작을 여는 영빈입니다.
솔아와의 연락을 지우고 있다. 그 아이가 원치 않는데 내가 틈을 보이는 것도 우습고, 무슨 연유에서든 내가 실수했다는 이유를 알려주지 않은 채 관계를 끊어내는 인상을 줬던 것에서 꽤나 크게 상처 받았던지라 그 찰나가 뇌리에 박혀 잊히지 않는다. 그런 와중에 나는 친구에게서 관계성을 느끼지 않는다는 말이나 곱씹고 있고.

2023년 8월 19일

소슬,

모든 말이 나에게 돌아올까 두려워. 그럼에도 말을 멈출 수가 없더라. 후회된다. 나는 예나 지금이나 크게 달라지지 않은 것 같아. 요즘의 나는 최악이야.

2023년 8월 21일

소슬,

오늘은 생일이야. 걱정했던 것만큼 무슨 일이 생기지는 않았네. 급격히 뛰는 심장 때문에 뒤로 쓰러지는 그런 장면 많이 상상했는데, 생각보다 조용히 지나갔어.

태어난 날이 싫다는 소리는 아니야. 그냥 이날 난 더 많은 걸 할 수 있을 것 같은데, 왜 그런 일이 없지 의아할 뿐이야.

2023년 10월 22일

인생과 관련된 모든 일을 도맡아 처리해야 한다. 다만 어떠한 일도 그 시작을 짚어낼 수가 없다. 그럼에도 인생을 이어 나가야 합니다만 머릿속에서는 내내 자살을 생각합니다. 어느 형제가 밤새 옮긴 쌀가마니처럼 시간이 탑처럼 쌓여도 저 자신을 좋아할 용기가 없습니다. 앞으로 나아갈 수도 없을 것만 같습니다. 뒤로 물러서는 일은 더더욱 안 됩니다. 제 뒤에는 걸음을 재촉하지 않는 자들을 한입에 집어삼키는 어둠이 있어요. 등 뒤에서 느껴지는 숨결에 앞을 향한 고개에서 힘을 빼지 못한 채 덩그러니 서 있는 일이 더는 싫습니다. 뒤로 물러서지도, 앞으로 나서지도 않는 제가 과연 어떤 이의 품에서 쉴 수 있겠습니까?

2023년 10월 25일

Just keep going. Walk away.

겨울을 맞아 고심 끝에 목폴라 두 벌을 새로 들였다. 그 위에 가볍게 걸칠 카디건도 하나 살까 고민했지만, 손안의 것은 내 돈이 아니다. 꼬박 한나절을 갇혀 있다 밤 10시만 되면 마취침을 맞은 것처럼 쓰러지는 사람이 벌어주는 돈이다. 그러면 안된다는 생각이 경고처럼 머릿속을 울렸다.

2023년 11월 30일

귀에 익은 컬러링이 꽂히는 순간 엄마에게 환영받지 못하리란 사실을 깨달았다. 더는 곁에 머무를 이를 찾아 헤매고 싶지 않다. 날 때부터 지독하리만치 외로웠다. 해가 바뀔 때마다 친구를 사귀게 해달라고 온갖 신의 이름을 빌려 기도한 기억이 여태 지워지지 않는다. 사람이 고프지만 이제 어떻게 하면 사람에게서 벗어날 수 있을까 궁금한 마음이 앞선다.

며칠 사람들과 함께 있다는 이유로 전화를 못 받은 엄마는, 정확히 말하자면 내 전화를 받았지만 동행이 있다는 이유를 들며 전화를 끊었어야 했다. 내가 내심 마음이 쓰였는지 어제는 저녁을 함께 먹으러 가던 길에 멈춰 서서 뒤에서 따라가던 나를 돌아봤다.

언젠가는 자신이 나 외의 사람과는 나눌 리 없는 이야기를 들려주었다. 전이라면 기뻤을까. 이야기를 듣는 입장에서는 즐거웠지만 또 슬펐다. 우리가 이만큼이나 서로를 알고 있구나. 엄마는 내 속 같은 건 영영 모를 줄 알았는데. 언제부터 나를 이렇게 가까운 곳에서 들여다보기 시작한 거야. 그런데 왜 나는 여전히 죽음을 생각하는지 나도 모르겠어.

2023년 12월 19일 화요일

부쩍 잠이 늘었다. 12시 혹은 그 시간을 지나서 깜빡 잠들었다가 아침 8시 30분을 기점으로 일어난다. 그리고 '정상인'처럼 할일을 처리한 후 다시 잠에 드는 식이다. 몇 달 전에도 비슷한 상태에 있었는데 그때는 한 발짝 떼는 것도 버거울 만큼 몸이 무거워서 침대 밖으로 나서는 것이 불가능했다. 그러나 이번에는 다르다. 기쁘게, 자발적으로 침대에 들어가는 내가 미친 것 같다는 생각을 머릿속에서 지울 수 없을 정도로 자주 하지만, 솔직히 고백하자면 현 상태가 좋다. 잠을 무려 오후 한 시까지 자는데, 기쁘지 않을 수 있겠습니까? 나 혼자만 알고 지내다 훌쩍 털어낸 비밀이었으면 좋았으련만. 선생님 앞에서는 딱히 할말이 없기 때문에 이런 사소한 부분까지 이야기하게 된다. 정작 그날 해야 한다고 결심한 말은 아직 입 밖으로 꺼내지도 못했는데! 그러나 선생님은 타자화가 잘 된 사람이라 안타까운 표정을 지으면서 다정한 말로 내 어깨를 두드리려 하지 않는다. 그의 가벼운 목소리에 지금껏 내 이야기를 제대로 귀담아듣기는 했을지 의심스러우면서도 동시에 그와의 시간에서 가장 만족스러운 지점이 바로 여기다. 나를 섣불리 동정하려 하지 않는 점. 나를 이상한 사람처럼 보지 않는다는 것.

뭐, 짧은 시간 동안 많은 말을 했고 나는 지금 그걸 다 기억할 수 없고 그래서 간단히 옮기자면 이 터널을 빠져나가는 일에 잠깐 지친 모양이다, 라는 답이 도출됐다. 왜냐하면 지난번에도 같은 이유를 들어 잠으로 도피했으니까. 물론, 최소한 그때는 몸이 아프다는 변변찮은 이유라도 있었지만 지금은 그냥 침대가 좋다. 추워서 껴입은 옷의 부피감이 거추장스러워 짜증 낼 필요 없이, 번번이 떨어지는 서류와 면접 그리고 이 길이 맞는지 기어코 자문하는 나 자신까지 모두 지울 수 있다. 그럼에도 확신이 없다면 스스로 확신을 새겨넣어야 한다. 속이 비었으면 땅에 떨어진 거라도 주워 먹어서 속을 채울 생각을 해야 한다. 내 나약한 정신머리가 나도 지겹다. 그래서 결국 나한테 중요한 자리만, 면접까지 꼭 가고 싶은 곳에만 집중하라는 조언을 얻었는데 카페에 가만히 앉아서 일정을 정리하니 당장 내일 제출할 자소서가 몹시 중요해졌다. 결국 쪼르르 집으로 달려와서 북에디터를 다시 훑다가 발견하고 말았다. 창비의 채용 공고를. 아이고, 두야.

2023년 12월 22일

이것으로 네 번째 면접이다. 4. 나와 숫자를 떼어 놓고 보면 아무 감흥도 없지만 뒤에 면접이라는 단어를 덧붙이니 조금 울적하다.

무얼 적으려고 부산스럽게 움직이다 치우지 싶어 그만뒀다.

2024-07-

노트북으로 적는 게 역시 좋을까. 항
단번에 결정하지 못하다니 속상

2024-08-02

춤처럼 움직일 수가 없어 항우울제를
났다. 아

2024-08-24

조종라의 싸움이다. 새로운 사람
병원에서 털어놓아야지 마음

놀아네에서 연락이 없고, 용싱

서준이는 나를 자꾸만 혼낸다.

믿고 만들 동상 같아.

사람들은 나를 좋아하다가도

24

게를 더 눌렀는데 여전히 모르는 일들이 많다. 노트북인지 일기장인지조차
아무 말도 할 수 없을 것 같아 결국 노트북을 덮었다.

없다. 저녁약을 늦게 먹는 탓일까. 아침에 기운이 없고 이유 없는 짜증만

나는게 즐겁고, 버겁고 또 자해하고 싶은 부정적 충동과 겨룬다.
이야기들은 끈적하게 녹아 손바닥이 축축하다.

와 약속을 잡았다. 두호에게는 약한 소리를 (앓는 소리) 했고,
들에게 줄 것은 많고, 나는 쥐떼가 파먹어 흔적없이 사라진

세
금써 싫어한다. 종잡을 수 없는 것들.

2024

2024년 1월 1일

소슬,

또 새해라는 절망감은 없어. 허들처럼 느껴지던 31일을 넘기고도 아무렇지 않게 행동하는 자신에게 충격받았어. 내가 무감하니 새해인사를 들어도 형식적으로 무심히 답할 수밖에 없었는데, 사람들의 인사를 기계적으로 처리하다 공을 들여 인사할 날이 오늘뿐이란 생각이 느지막이 들었어. 그래서 그렇게 해줬어. 사람들의 행복을 진심으로 바라고, 그들이 한 해를 무사히 넘기길 기도했어. 날이 끝나지 않아서 블로그에 글도 한 편 올리고 에세이 수업 과제도 하나 적었어. 〈그럼에도 여기에서〉를 3/4 읽고, 책을 정리했다. 그동안 찾았던 클레어 키건의 〈Foster〉을 찾았다. 그럼 이제 〈일할 자격〉을 찾을 차례다. 목표는 없다. 그냥 취업해서 엄마아빠에게 더는 기생하지 않기. 돈 좀 모아서 돈 있는 삶을 누려보기(기분만 내는 거지) 채소 먹고 스트레칭 하고 기록하고. 이런 걸 목표라고 부를 수 있을까. 이건 해야만 하는 일이다. 아, 흔적 님 생일선물을 주문했다.

2024년 1월 12일

아침 아홉시 반에 강북삼성병원에서 유방 초음파가 예약됐다. 건강검진에서 가슴 한 쪽에서 혹이 발견되었다나 뭐라나. 일단 초음파를 찍으라니까 병원 예약은 했지만, 아무런 감흥이 없었다. 진료실 안 초음파 의사는 하얀 가운을 입고 "혹으로 보일 수도 있는데 아닐 가능성이 높아요. 아직 주변 친구들한테서 암 걸렸다는 말 들어보신 적 없죠? 그래서 안 찍으시는 분들도 있어요." 나는 찍으러 왔으니 찍겠다고 답했고 의사는 그제야 "대부분 찍으세요(웃음)" 같은 별 시답잖은 소리를 했다. 장난치세요? 초음파를 찍던 의사는 걱정할 일 없고 지방이 쌓이고 있다고 간단히 설명했다. 그렇구나. 전문가의 의견을 들으니 검진 결과를 진료실에서 따로 들어야 할 필요성을 못 느껴서 그 방에 들어가지 않으려

했는데 간호사 선생님이 소스라치게 놀라며 "추적검사가 필요할 수도 있으니 검사 결과는 들으셔야 해요." 답했다. 그럼 귀찮지만 어쩔 수 없지 싶어 기어코 검사 결과를 들을 날짜를 예약했다.

흔적 님의 생일 겸 책방 투어(& 허니비 서울)을 위한 약속이 있는 날이라 부지런히 움직였다. 너무 이르게 갔던 탓에 약속시간보다 40분 일찍 도착했다. 올리브영이 도처에 있어 감사한 건 처음이었지. 카페라고 해야 하나. 케이크를 샀고(흔적 님 생일 기념 케이크), 책도 샀고(내 책), 워크샵에 참여한 뒤에 들어갈만한 식당을 찾아 홍대를 유랑하다 한산해 보이는 식당에 자리 잡고 냉만두와 국수를 먹었는데 육수가 누구나 떠올릴 냉면 육수 그 자체라 깜짝 놀랐다. 식탁에 올라온 음식 전부 시판에 판매중인 맛이었어!

밥을 먹다 흔적 님이 오프로 보자고 먼저 연락한 건 영 님이 처음이었다고 말씀해 주셨는데, 누군가 나에게 다가오고 싶다는 생각을 했다는 것 자체가 생경하고 낯간지러운 감정이 들었다. 이어서 매번 이번이 마지막 만남일지 모른단 생각으로 끝을 상정하며 사람을 만난다고 알려 주셨는데 이렇게 무르고 부드러운 사람을 대체 누가 이렇게 구석진 곳으로 내몰았을지 감히 상상하며 홀로 분노했다.

2024년 1월 26일

네가 죽었으면 좋겠다는 생각이 머릿속을 스치고, 그 생각의 잔인함에 스스로 소스라치게 놀라며 혹 누가 듣기라도 했을까 걱정하며 곧 부인한다. 아닙니다. 아무 일도 없었어요. 포크레인으로 생각이 잔뜩 쌓인 생각더미를 밀어내는 것이다. 남은 것이라고는 저 멀리 날아다니는 새떼. 폐허 속에서 눈에 들어오는 건 없고 나는 홀로 우두커니 서서 넘지 말아야 할 선을 넘은 죄를 받는다. 생각없음과 무기력함만 머리 위를 짓누른다. 이내 휩쓸린 생각이 도로 찾아오고 나는 어쩔 줄 몰라하며 그 폭풍우를 다시 온몸으로 맞는다. 피할 기력이 없는가. 모르지. 언제나처럼 엄마, 아빠, 서준에게 전화를 걸지만 이 쳇바퀴가 지겹기만 하다. 사람을 만나고 싶지 않아서 스터디 모임 약속도 취소했다. 가족여행이랍시고 둘러댔지만 기실 사람을 만나 떠드는 일이 두려운 것이다.

나를 먼저 찾는 이가 없다는 것은 얼마나 고독한가. 문고리는 한 번 닫히면 안으로 잡아당겨 열 때까지 먼저 돌아가는 법이 없다. 이런 이야기를 대체 누구에게 하면 좋단 말인가. 증발하고 싶다. 편집자는 개뿔. 취업은 개뿔. 다 사라져라. 나를 포함해서 모든 것이.

2024년 2월 16일

이미 블로그에 한바탕 쏟아냈지만 일기에도 기록을 남길 필요를 느껴 다시 적는다.

출판사 면접일이었다. 파주에서 오후 5시. 구태여 갈 일이 있느냐 가기 싫으면 말아라 권유하는 엄마의 목소리가 꽤나 매혹적이었다. 구미가 당겼지만 간다고 이미 말해버렸는걸. 당일에 취소하는 건 어디 갈 곳이 있는 사람이나 부릴 사치. 흔히 간이 크다는 표현을 쓰는데, 애석하게도 나는 간이 없었다. 병원에 들러 약을 두둑히 받고 맞은편 도로에 있는 정거장에서 파주행 버스에 몸을 실었다. 애매한 시간이었음에도 버스 안은 사람들로 북적였다. 사실 이 날의 일기를 적는 건 면접이 얼마나 모욕적인지 상기하려는 목적이 아닌 그저 엄마가 나를 위해 화를 내줌으로써 내 화가 얼마나 빨리 사그라들었는지 기록하기 위함이다.

출판사 건물 1층 카페에서 몇 시간을 기다려 들어간 대표실에 그 사람이 앉아 있었다. 내가 가장 좋아한다고 착각했던 작가이자 시인. (공교롭게도 그의 책을 모두 소장 중이다.)

냅다 왜 자기소개서에 사진을 첨부하지 않았는지 혹 나에게 특별한 철학이 있는지 궁금하다며 묻는다. 내가 대비했던 상황, 그러니까 질문 목록에서 사진을 첨부하지 않아 혼나는 건 예상에도 없었다, 은 아니다.

자유 양식이라길래 특별히 모회사 이력서 양식을 사용했는데, 왜라니? 씨발. 나는 여기서 꼼짝 않고 '어른'의 강의를 들을 운명인 거다. 그가 하는 말에 논리적으로 답하지 못했다. 그러나 그의 질문이 형편 없었음을 여기서 넘겨짚고 가야 한다. "윤영빈 씨는 열정이 없는 것 같아요." "얼굴을 보니 제 '선의'를 받아들일 수 있을 것 같아요. 저한테 질문 3개 하실 시간 드릴게요."

편집자의 자질이 부족하다고 지적했는데, 나는 기획수업을 듣는 게 도움이 될 줄 알았다. 그럼 편집자의 자질은 어떻게 갖출 수 있나?

→ 다른 탈락 예정인 지원자의 신간 기획서를 보여줬다. 진짜 그만할까? 이게 뭐 하는 짓이지?

2024년 4월 9일

또 떨어졌다. 면접까지 갔었던 곳을 재지원하는 거라 은연중에 더 좋은 결과를 기대했다. 12일 전까지 보낸다는 결과를 기다리며 팀장이 책임편집한 책을 읽을까 아님 줄거리만 알고 가도 괜찮을까, 지금 생각하면 쓰잘데기 없는 고민을 앞서했다.

2024년 5월 00일

사람들에게 공개적으로 글을 보여줬다. 처음이다. 블로그와 같은 SNS에는 이따금 글을 올렸지만 타인에게 글을 보여주고 그들의 반응을 실시간으로 보는 건 처음이었으니까. 두렵고 또 설레었다. 내가 구닥다리 같다고, 안 보이는 벽에 탕탕 부딪히는 것 같다고 노트북 앞에서 홀로 눈물 흘렸던 날들이 이들의 눈에도 읽힐까. 평은 대체로 좋았다. 이런저런 조언이 이어졌지만, 사실 이해하지 못했다. 그래서 어떻게 하라고?

솔직하게 적은 건 나다운 행동이었지만, 동시에 이런 글을 영주에 내놓을 수 있을까 두려웠다. 금이야 옥이야 기른 자식 둘을 타국으로 보낸 뒤에도 지역에서 공고히 쌓은 부모의 평판에 흠이라도 나지 않을까. 과거의 글을 모으는 기준을 세우는 일도 녹록하지 않다. 가장 처음 적은, 그러니까 초고를 옮길 것인가 아니면 한 번이라도 수정한 글을 옮길 것인가 날짜를 적을 것인가 말 것인가. 책을 만드는 일이 쉽지 않구나.

2024년 5월 14일

이 나이 먹고서도 남들처럼 입에 올릴 수 있는 단단한 주제가 고작 십 년도 전에 다닌 대학교뿐이라는 게, 허벅지 안쪽 살을 뚝 칼로 베어내는 상상을 끊이지 않고 할 만큼 이런 내 자신이 혐오스럽다.

2024년 5월 30일

소슬. 으스스하고 쓸쓸하다는 뜻인 '소슬하다'의 어근. 일기장에 붙인 이름이었다. 일기를 더 퍼올려야 할 것 같다는 강박에 시달리다 오래된 일기장을 펼쳤더니 첫 장부터 소슬이 등장했다. 내가 먼저 세상을 떠나도 남은 가족들이 나라는 사람을 배울 수 있는 기회를 주고자 일기 쓰기를 시작했는데 정작 글을 쓸 때 찾아오는 외로움을 감당하지 못하고 그대로 일기장에 이름을 붙여 이름을 부르는 것으로 종종 기록을 시작했다.

시간이 흘러, '소슬'은 나 홀로 간직한 과거의 일부가 되었고 일기장과 연필 대신 친구와 휴대전화를 선호하지만 내 마음 한구석에는 아직 소슬의 자리가 있다. 미주알고주알 떠드는 이야기를 들어주는 친구가 있었기 때문에 한 시절을 무사히 지났다.

2024년 6월 14일

일기를 처음 쓴 시기를 할머니의 장례식 이후라고 막연히 추측했는데, 막상 일기장을 찾아 펼쳐보니 나는 그전부터 쓰고 있었다. 우리가 떨어져 지내니 모두 일기를 써서 공유하자는 취지에서 시작한 것이다. 종국에는 나밖에 남지 않았지만 말이다. 뭉치기 힘든 가족이라는 표현보다 뭉칠 수 없는 사람들이라는 표현이 옳겠다. 모퉁이 네 개가 있는 방에 간히면 각자 한 자리씩 차지한 채 등을 돌리고 있을 거라는 말을 아빠에게서 들었다. 틀린 말이 아니라고 생각했다. 우리는 긴 시간 떨어져 보낸 나머지 멋대로 상대의 부재를 메웠고, 실재를 마주할 자신이 없는 상태로 산다.

2024년 6월 15일

"그럼 혼자였던 적이 있나요?"

질문에 꼴깍, 숨이 넘어간다. 이내 입술선이 팽팽해진다. 아무 대답도 않겠다는 태도가 결연하다. "없습니다. 저는 평생 온기를 찾아 헤맸지만, 사람이 곁에 없었던 시기는 없어요." 단순한 대답인데, 이 말을 뱉는 순간 인생 전반을 눌러 찍었던 고민이 한낱 투정으로, 부스러기가 되어 훨훨 날아갈 미래가 닥칠까 두려운 것이다. 내가 이해받지 못하는 것이 두렵다. 저 사람이 '나'를 몸으로 받아줄 필요는 전혀 없는데, 그의 품으로 떨어지지 못하리란 상상에 몸은 왜 벌벌 떠는지 모르겠다.

곁을 비워두지는 않았지만, 제 팔에 닿는 특별히 보드랍거나 따끈한 살결은 한순간도 없었어요. 대신 서늘했죠. 마치 우리 사이를 지나갈 바람을 위해 길을 터놓은 것처럼. 그런 날들의 연속이었어요. 사람들은 저를 쉬이 좋아한 만큼, 딱 그만큼 쉽게 떠났어요. 저는 그들의 애정을 이해할 수 없었어요.

어째서 나를 좋아한다는 거야? 내 외모를 보고? 내가 어떻게 생겼길래 일면식도 없던 우리 사이에, 당신 마음에 일방적으로 호감이 싹틀 수 있지? 나를 향해 부글거리던 거품이 그렇게 가라앉을 거라면, 왜 나한테서 등돌려 숨기지 않아? 무슨 자신감으로 곧 꺼질 거품 덩어리를 나한테 들이대는 거야?

2024년 6월 17일

쉬워 보이는 사람이라는 게 정말 존재하는 걸까? PT쌤이 오늘 또 연락해서 일정 조율을 부탁했다. 병원에 갈 일이 생겨 그렇단다. 전같았으면 이런 부탁이 아무렇지도 않았을 텐데(실제로 나 역시 자잘하게 사람들의 시간을 까먹으니까) 그렇게 행동해도 되는 사람에게만 그렇게 한다는 인터넷에 올라온 글을 읽으니 정말 내가 만만해서 매번 시간을 변경하는지 의문이 든다. 솔아도 같은 이유로 나한테 그랬을까? 물어봐도 정확한 이유, 그가 그렇게 행동하게 되는 원리 같은 건 아마 영영 알 길이 없을 테지. 본래 인간사는 그런 식으로 흐르는 것이다. 내가 물에 넣은 손 아래 감춰진 게 뭔지도 모르고 줄줄 흘러가게 두는 것. 그렇지만 쉬워 보이는 얼굴을 하고 샐쭉 웃을 생각은 없는데 어떤 얼굴로 수요일에 그 사람을 마주할지 걱정이 차곡차곡 쌓인다.

2024년 6월 20일

"미친년아!"

좌회전 신호가 없어 어떻게 건너야 할지 모르는 건널목에서 신호를 보다가 눈치껏 적당히 건널목을 건너는데, 왼쪽에서 오던 오토바이 운전기사가 소리 질렀다. 그 사람이 내 옆구리로 박을 뻔했다. 아마도. 그런데 미친년이라니. 조금 웃겼다. 오래 곱씹을 말을 주웠네. 내가 일부러 그런 건 아니라고 속으로 변명하지만 내가 알고 모르고는 사건 발생의 이유가 될 수 없다. 이것만큼은 분명한 사실이다. 하지만 미친 년이라고 다짜고짜 욕부터 박는 건 좀 아니지 않습니까. 여기 이 차에도 사람 살아요. 정확히 차에 살지는 않지만서도. 더 자세한 이야기는 노트북으로 적겠습니다(라고 적고 노트북을 열기 싫어서 아무것도 적지 않았음).

2024년 7월 24일

노트북으로 적는 게 역시 좋을까. 항우울제를 더 늘렸는데 여전히 모르는 일들이 많다. 노트북인지 일기장인지조차 단번에 결정하지 못하다니 속상하다. 아무 말도 할 수 없을 것 같아 결국 노트북을 열었다.

2024년 8월 2일

좀처럼 움직일 수가 없어 항우울제 양을 늘렸다. 저녁약을 늦게 먹는 탓일까. 아침에 기운이 없고 이유 없는 짜증만 났다.

2024년 8월 24일

조증과의 싸움이다. 새로운 사람 만나는 게 즐겁고 버거운 한편 스스로를 해치고 싶은 부정적 충동과 대치 중이다. 병원에서 털어놓아야지 마음 먹은 이야기들은 끈적하게 녹아 손바닥이 축축하다. 솔아에게 연락이 왔고, 용식이와 약속을 잡았다. 두호에게는 약한 소리(앓는 소리)를 했고 서준이는 자꾸만 나를 혼낸다. 사람들에게 줄 것은 많고, 나는 쥐떼가 파먹어 흔적없이 사라진 밀로 만든 동상 같아.
사람들은 나를 좋아하다가도 금세 싫어한다. 종잡을 수 없는 것들.

2024년 9월 4일

동생이 떠났다. '떠났다'는 표현은 어딘지 상상을 자극하는데 멀리, 두 번 다시 못 볼 곳으로 간 것은 아니고 학교를 채 마치지 못해 학교로 돌아갔다. '동생이 돌아갔다'고 적는 게 더 옳았다고 뒤늦게 깨닫는다.

우리는 흔한 스티커 사진 한 번 찍지 않았다. 그럴 시간이 미처 없었다. 동생은 자신의 영역을 보여주기 급급했고, 나는 그의 뒤꽁무니를 좇아다니기 급급했다. 옆에 나란히 앉아 이야기할 시간은 길지 않았고, 우리는 그 흔한 인생네컷 한 장조차 남기지 못했다.

녀석과 사진을 찍지 못했다는 사실이 서글픈 게 아니라 우리의 시간이 추억되지 못한다는 사실이 서글펐다. 다시 만나도 우리가 지금처럼 웃고 떠들 수 있을까. 내가 언제까지 녀석보다 어설픈 사람으로 남을까. 이제는 나아져야지 내가 앞으로 전진하기도 해야지.

2024년 9월 7일

소슬,

사람에게 사랑 받는 즐거움에서 벗어나는 감각은 언제쯤 돌아올까. 나는 분명 이런 사람이 아니었는데 어쩌다 이런 꼴이 됐을까. 나를 좋은 사람으로 봤다는 칭찬에 사르르 무너져. 이런 이야기를 네가 아니라면 누구에게 들려줄 수 있을까. 인생에서 중요한 사람이 아니라면 그 사람에게 목매달 필요가 없다는 조언이 벌써부터 귀에 꽂혀서 마음이 무거워 감사한 말을 듣고서도 온전히 기뻐할 수 없음이 괴롭다.

2024년 9월 23일

때때로, 실은 종종 내 자신의 한심함에 눈물이 주르륵 흐르곤 한다. 하루가 짧지는 않지만 길지도 않다. 분명 아침은 달갑지 않고, 할 일은 쌓였고, 나는 모든 일에서 도피하고 싶고 사실 그만 살고 싶다는 생각이 가장 강하게 든다. 이 짧은 글조차 몰입해서 쓸 수 없다는 게 속상하다. 진짜 '무넘' 그만 와야지. 이곳만 오면 서글퍼진다. 바에서 술을 마시는 건 당연한 일이지만, 역시 술을 마시지 말았어야 했을까. 사람과 친해지는 건 뭘까 고민하지만 나는 답할 능력이 없다.

2024년 10월 21일

비가 오더니 금세 날이 선선해지다 못해 오들오들 떤 날. 두 달 하고도 하루 전 이날은 생일 전야제로 트위터에 "오늘 대체 무슨 날인지는 몰라도 일이 다 꼬여서 하루 종일 사과만 한다"고 남겼다.

사람을 만나면 무슨 말이든 떠들어야 하고, 나는 한시도 입을 가만히 두지 못하면서 그런 자신이 지겹다. 지겨워서 눈물이 난다.

2024년 10월 22일 생리시작일

〈2024 제 15회 젊은작가상 수상작품집〉을 읽는 중이다. (더불어 〈상황과 이야기〉, 〈지부장의 수첩〉, 〈1인 출판사의 슬픔과 기쁨〉, 〈깊은 밤의 파수꾼〉을 읽는다) 서준이를 통해 알게 된 사람과 아슬아슬한 관계(세간에서는 이런 관계를 두고 '썸'이라 지칭한다)를 두 달간 이어오다 오늘 완전히 끝냈다.

조금 생뚱맞은 말이지만, 전에는 어쩜 그렇게 천진난만하게 펜으로 기록을 남길 생각을 했을까. 이것 잠깐 쓰는 것도 힘들다.

연애가 하고 싶었다. 간절히. 다른 사람의 것이라도 빼앗아 내가 걸치고 싶을 만큼 외로웠다. 문득 내 휴대전화는 벨소리가 울리지 않는다는 걸 떠올랐다. 내 전화는 남들을 귀찮게 하는 일에만 쓰였다. ("바쁘지? 미안. 지금 끊을게.") 사람들이 나를 좋아하는지 좋아하지 않는지는 개의치 않았다. 별개의 문제였다. 지금 당장 나를 찾는 사람이 없잖아. 고작 두 달이었을지언정 나를 찾는 목소리가 든든히 존재했다. 관계를 닫고 무無로 돌아가는 것. 좀처럼 채워질 일 없는 공백을 채우는 일은 참 어렵네. 나에게 집중하면 되지 않냐고 하지만 사랑받고 싶었단 말이야. 누가 찾아주길 기다렸단 말이야. 그마저도 제대로 채우지 못해 억지로 이은 인연이었는데 이제는 아무것도 없다. 그게 두렵지. 내내 이렇게 살다 죽을까 봐.

2024년 12월 4일

소슬,

하늘에서 일이 떨어지는 기분이 딱 이럴 거야. 하늘에서 음식이 아니라 왼쪽으로 한 칸, 오른쪽으로 한 칸, 앞으로, 뒤로, 제자리에서 한 바퀴 돌기 등등. 내 움직임을 가리키는 지시등이 마구 마구 떨어지는데 나는 무서워. 일을 하나씩 해결하면서도, 끌린 듯 몸을 움직이면서도 너무 무서워서 두눈을 질끈 감고 싶더라고요

2024년 12월 10일

소슬,

이 일기를 적는 건 무려 이틀이 지난 12일이야. 나는 이날도 무얼 못 참고 네 이름을 적으려 했을까. 시간이 흘렀을 때 앞서간 것들의 위치를 추측하는 건 별로 유쾌하지 않은 작업이 되지. 아마 토요일에 있을 이사와 집회 때문에 신경이 잔뜩 곤두세워져 있었을지도…. 바로 위에서 어려운 작업이라고 하고서는 거뜬히 해내는 나를 좀 봐. 도대체 얼마나 자주 이런 일이 벌어졌으면 그랬겠어. 칭얼거리는 건 여기까지.

2024년 12월 31일

,

평소 제 이야기를 들어주는 소슬이 아닌 다른 사람에게 속엣말을 잘라주고 싶어 당신에게 씁니다. 이 글을 쓰는 지금 저는 본가에 내려왔습니다. 날짜에 의미를 부여하지 않으려 노력하지만, 저같은 모순덩어리가 어떻게 이런 날을 지나칠 수 있겠어요. 몇 줄이라도 적어야 곱게 내린 마음으로 잠들 수 있을 것 같아 이렇게 펜을 들어요.

제일 친한 친구가 누구냐고 묻는 말에 저는 항상 엄마를 우선으로 꼽

앉어요. 엄마도 저처럼 생각하는지 의문이 드는 날들이지만 저는 엄마를 좋아할 수밖에 없어요. 언젠가 아빠가 저에게 적어주셨어요. "사랑할 수밖에 없는 딸, 빈아." 부모는 모두 사랑스러운 존재인지 저는 날 때부터 그를 제 마음 가장 무른 곳에 넣어두었어요. 그럼에도 우리는 자주 죽음을 입에 올리며 악을 쓰느라 얼굴이 붉게 타올랐는데, 오늘은 모든 것이 차분했어요.

엄마는 저에게 아직도 죽고 싶냐고 물었습니다. 저는 살고 싶지는 않다고 답했어요.

읽을 수 없는 표정으로 엄마는 저를 잠시 뚫어져라 봤습니다. 그리고 저에게 해답을 주었어요. "내가 죽으면 너도 따라서 죽어. 그때까지는 살아 있어." 우스운 건요. 엄마가 그렇게 날짜를 정해주니 그 시기가 임박하기라도 한 것처럼 느껴졌어요. 그때 죽고 싶지 않더라고요. 이상하죠? 지난 몇 년간 저는 뛰어내릴 순간만 기다렸는데, 정작 앞으로 미는 손길이 등에 닿으니 내 몸에서 손을 떼라 고래고래 고함을 지르고 있지 않겠어요. 죽고 싶지는 않은데, 살기도 싫다는 건 무슨 뜻일까요. 제 병이 호전돼서 정신이 돌아온 걸까.

기록으로 남기는 엄마의 어록

건강하게 재밌게 멋지게 살다가 다른 세상으로

이동할거야…. ㅎ

따뜻하고도 햇살이 눈부신 날 모두의 배웅을 받으며

미소를 가득가득 담은

얼굴로 하나의 미련도

남기지 않은 얼굴로 …갈거야

소슬,

겨우내 딸기를 먹었어. 하고 많은 과일 중에 왜 하필 딸기였냐고 이유를 물으면 나는 모르겠다고 어깨만 으쓱 할 거야. 그냥 매대에 올라온 9,900원 짜리 딸기가 탐스러워서 매일 집에 돌아오는 길에 마트를 들러 딸기 한 팩을 가져왔어. 싱크대에 서서 한 팩을 싹 비우면 이제 양치질 하고 잘 시간이야. 홀로 살면서 비워진 곁을 딸기로 채우려 했어. 흙맛을 지나고, 풀맛도 이겨내면 보상처럼 주어지는 단맛이 좋았어. 그런데 사실 딸기를 입에 쏙 집어넣는 행위 자체로 배불렀어.

그날 이후 죽 묶여 있던 손수건 두 장을 풀어냈어. 한참 그렇게 가라앉던 시기가 있었어. 침잠 같은 단어를 애써 외워가며 스스로의 상태를 더듬던 시절이. 전화벨이 울리고 통화가 끝나면 문고리에 손수건을 걸고 반대쪽에는 목을 밀어넣어 얼굴을 통과시켰어. 그런 뒤 한껏 앙심을 품고 바닥으로 가라앉았지. 서서히 숨통이 조이고, 언제까지 이렇게 앉아 있을까 고민하기 시작하며 자리에서 조금만 더, 조금 더를 중얼거리며 발버둥쳤어. 자살은 아프고 자학은 짜릿했어. 속이 시원했지. 머릿속 잡념을 숨구멍으로 모두 막은 채 물을 밀어넣는 기분이었어.

어제 그 매듭을 풀었어.

Savemyself09!

글 윤영빈
편집 김하영
디자인 김민희
마케팅 유다운
제작 357제작소
물류 탐북

1판 1쇄 펴낸날 2025년 6월 17일
펴낸곳 책덕
출판등록 2013년 6월 17일(제013-000196호)
홈페이지 bookduck.kr
인스타그램 @bookduck.kr
유튜브 youtube.com/@bookduckbook

ISBN 979-11-973768-5-6 03810